児玉聡 編著

奥田太郎／後藤励
亀本洋／井上達夫

タバコ吸ってもいいですか

――喫煙規制と自由の相剋

法と哲学新書

信山社

はしがき

周知の通り、二〇二〇年夏に東京で開催予定だったオリンピック・パラリンピックは、新型コロナウイルス感染症の世界的流行により延期になった。しかし、その開催に合わせて準備されてきた受動喫煙対策の強化は、当初の予定通りに実施された。

日本は二〇〇五年に発効した「たばこの規制に関する世界保健機関枠組条約」の締約国の一つである。だが、二〇一六年に厚労省がまとめた「喫煙と健康　喫煙の健康影響に関する検討会報告書」（通称「たばこ白書」）でも述べられているように、日本の受動喫煙対策は世界保健機関（WHO）の基準で最低レベルに留まっていた[1]。

そこで、オリンピック・パラリンピックの招致を契機に、政府は二〇一八年に健康増進法の改正を行ない、受動喫煙対策を中心にたばこ規制を強化する方向に動いた。また、東京都を始め地方自治体でも、国よりも厳しいたばこ規制の条例を策定したところもある。こうした改正健康増進法や東京都の受動喫煙防止条例については、本書所収の諸論文で詳しく説明がなされている。

このようなたばこ規制について、哲学は何が言えるのだろうか。哲学的に問うべき問題は多々あると思われるが、とりわけ重要な問いは、「どのようなたばこ規制なら倫理的に正当と言えるのか」、また、「喫煙に関する個人の自由はどこまで認められるべきか」ということであろう。そのような問題意識を踏まえ、二〇一九年に出された『法と哲学』第五号（信山社）の特集では、奥田太郎氏、後藤励氏、亀本洋氏の三人の論客に、たばこ規制について自由に論じてもらった。

本書は、その特集に掲載された三論文に加え、編者の児玉聡による論文と、井上達夫氏による論文を追加して一冊にまとめたものである。[2] 上記三本の論文も、新書用にわかりやすくなるように著者らによる加筆修正が行なわれている。以下で簡単に各論文を紹介しておこう。

まず、倫理学者の児玉聡（編者）の「喫煙はどこまで個人の自由か――喫煙の倫理学」では、自由主義（リベラリズム）の代表者の一人であるJ・S・ミルの他者危害原則を用いて考えた場合、「喫煙は個人の自由であるため公共空間で規制はしない」というかつて主流だった立場は受動喫煙の害を否定することが困難になった今日では正当化されえず、むしろ、「公共空間では規制するが、私的空間では規制しない」という今日主流となっている立場が正当化されると論じられている。一方、「私的空間でも公共空間でも禁煙」という完全禁止の立場はミル流の自由主義ではパターリズムとして退けられるが、「喫煙についてはインフォームド・コンセントが成り立っていない」というグッディンによる議論からは、この立場も正当化される可能性があるとしている。しかし、たとえグッディンの議論を認めたとしても、たばこの販売を禁止することが直ちに正当化されるわけではなく、個人の自由の最大限の尊重や政策の実現可能性といった観点からは、適正な広告表示や依存症の治療の提供などの政策が優先されるべきだと論じられている。

次に、倫理学者の奥田太郎氏による「喫煙しない自由からの闘争――喫煙規制問題を倫理学する」では、前半で、今日の喫煙規制強化の現状が確認された後、受動喫煙および喫煙それ自体を規制する根拠があるとするグッディンの議論が詳しく紹介されている。後半では、氏の独自の議論が展開されている。まず、今日の喫煙規制強化に隠されている倫理的問題として、喫煙規制が喫煙者の人格の否定につながっている可能性が指摘され、喫煙という行為よりも一人の「厚みをもった人物」として人生を歩む喫煙者を分析することの重要性が主張される。そして、その視座から得られる知見として、従来の喫煙規制のアプローチである「社会モデル」（喫煙を個人の問題ではなく社会問題として捉える）と「治療モデル」（喫煙を治療されるべき病理として捉える）に代わる「尊厳モデル」という第三のアプローチを提示する。この尊厳モデルの中心にあるのは、道徳的存在者としての喫煙者の自律の尊重であり、具体的には喫煙者の持つ（喫煙の自由ではなく）「禁煙の自由」を保障するという考え方である。

第三に、医療経済学を専門とする後藤励氏の「医療経済学の立場から見た喫煙行動と喫煙対策」では、喫煙行動を個人の効用最大化を目指す行為の一つと理解する「合理的アディクションモデル」と、推論や計算能力における人間の合理性の限界を所与とする行動経済学の立場が対比的に描かれ、それぞれの立場でどのような喫煙対策がありうるかが紹介されている。具体的には、「決心の鈍りや後悔など普通の喫煙者が経験する行動をも説明」しようとして合理性の仮定を若干緩めた合理的アディクションモデルでは、禁煙行動に対するインセンティブ付与や、事前に生活習慣の改善を約束させ失敗すると罰則を用意しておくプレコミットメント、あるいは増税による行動変容などがある。一方、しばしば合理的な意思決定ができないという人間の特性を逆手にとって利用しようとする行動経済学では、デフォルトの選択肢を変えたり、現在バイアスや損失回避バイアスを織り込んだ情報提供を行なったりするなどの実践が存在する。とりわけ後者は、デフォルトの変更のように選択肢の順番の入れ替えは認めても、特定の選択肢を閉ざしたり、それを強制したりすることはしないというリバタリアン・パターナリズム（ナッジ）の流れと結びついて、近年注目を浴びているアプローチだ。氏は最後に、今後はビッグデータの利用も視野に入れ、個々人の行動のクセに応じた個別化された喫煙対策が重要になると論じている。

第四に、法哲学者の亀本洋氏の「ある喫煙者の反省文」では、まず一九八〇年代のいわゆる嫌煙権訴訟について詳しい解説がなされ、次にミルの（他者）危害原理と個人の権利の関係、および公衆衛生的観点からのたばこ規制の正当化可能性が議論されている。氏によれば、たばこ規制の問題には危害原理は役に立たない。それは、一つには、「喫煙の自由はどこまでであるか、嫌煙権はどこまでであるか、という問題を解決するためには、どこまでが防止の強制に値する危害かという問題を決定せざるをえない。それについて危害原理はなんら指針を与えない」ためである。また、喫煙規制の目的が個人の健康利益保護ではなく集団の健康を守るという公衆衛生の観点によるものであれば、やはり特定の個人の幸福や危害を問題にしていないため、危害原理は無関係だからである。氏によると、つまるところ喫煙者の問題は「権利の問題でもなければ、リベラリズムの問題でもない」。それは「健康問題すなわち病気の問題である」が、何ものにも依存しない自律した人間像は自分には受け入れ難いとして喫煙の放棄を拒否している。

最後に、法哲学者の井上達夫氏の「ネオ・ピューリタニズムに抗して ―― 喫煙の人生論と法哲学」では、前半（前篇）で氏の半生における喫煙および禁煙の経験が自伝的に語られている。ついで後半（後篇）では、まず、氏の反卓越主義的なリベラリズムの立場からは、分煙規制が正義の要請として原則的に正当化されると論じられる。しかし、氏によれば、今日の分煙規制はその目的を達成するのに必要となる以上の自由の制約も含意しており、そのため改正健康増進法や東京都受動喫煙防止条例は喫煙の自由を不当に侵害している。実のところ、これらの規制は「「分煙」の仮面をつけた「排煙」（喫煙そのものの排除、喫煙の禁止）であり、「望まない受動喫煙の防止」の名の下に、喫煙者の生き方を蔑視する非喫煙者の卓越主義的情念を追求する手段として濫用されている」。したがって、それらは「法哲学的に許容不可能であるだけでなく、日本国憲法にも反する「天下の悪法」である」。さらに氏は、こうした喫煙規制強化の背景には、宗教的に不寛容な英国からアメリカに逃れてそこで自らも宗教的に不寛容な植民地社会を築いたピューリタンと似た不寛容な心性、すなわち「衛生的に純潔な世界の実現」を望む「ネオ・ピューリタニズム」が存在すると論じ、このような社会的不寛容が今日のコロナ禍の日本社会においてますます勢力を増しているのではないかと警鐘を鳴らしている。

それぞれの論文を一読してわかる通り、たばこ規制の問題は、医学、倫理学、法学、経済学などが関わるトピックであり、学際的な『法と哲学』誌およびそこから派生した新書において論じるにふさわしいものである。また読者は、喫煙規制という具体的な問題が、個人の自由や合理的意思決定の問題、また善き生とはどのようなものかといった、より一般的な哲学的問題を考える良い機会になることも看取するであろう。それぞれの論文はさまざまな論点を内包しており、さらなる議論の必要性を強く示唆している。残念ながらこの新書では論者同士が論争を行なう舞台を用意することはできなかったが、本書を土台に喫煙規制に関する社会的議論が今一度活性化することを期待している。

二〇二〇年九月末　コロナ禍で静かな吉田キャンパスの研究室にて

児玉　聡

（1）この点について関心のある方は、ＷＨＯの Tobacco Free Initiative（TFI）の Tobacco control country profiles も参照されたい。

（2）井上氏のものは書き下ろしである。編者の論文は『実践・倫理学』（勁草書房、二〇二〇年）に少し加筆修正を行なったものである。転載を許可してくれた勁草書房に記して感謝を申し上げる。

目　次

タバコ吸ってもいいですか
——喫煙規制と自由の相剋

喫煙はどこまで個人の自由か——喫煙の倫理学

児玉　聡

1　喫煙と倫理学

多くの喫煙者にとって、喫煙の倫理性を問われることは、居心地の悪い経験であろう。個人の行為について、とやかく言われるのは不愉快である。多くの喫煙者は、日本たばこ産業株式会社（以下、ＪＴ）の次の意見に同意するのではないだろうか。「私たちは、成人の方には喫煙のリスクに関する情報をもとに、喫煙するかしないかを自ら判断し、個人の嗜好として愉しむ自由があると考えます[1]」。

しかし、問題はまさに、「喫煙が個人の自由の問題なのか」ということだ。より正確に言えば、喫煙はどの程度まで個人の自由の範囲に含まれる事柄で、どの程度まで政府による規制を受けてしかるべき事柄なのか、だ。個人の自由の限界が問題になっているという点で、喫煙はすぐれて倫理学の問題である。

〔児玉　聡〕

■禁煙談義のレベル分け

ところで、喫煙の自由をめぐる議論を検討する際には、議論のレベルを分けて、何が問題になっているのかをよく分析する必要がある。とりわけ、喫煙の害をめぐる科学的・経済的「事実」の議論と、その事実に依拠した規範の議論を区別する必要がある。とかく我々は、禁煙談義になると、「たばこの害悪が立証されているかどうか」や、「たばこを吸う人が社会に経済的負担を与えているかどうか」という論点に終始しがちである。しかし、喫煙が本人や周囲の人にどのような害悪をもたらすのかと、たばこが「ペイ」するかどうかは、それぞれ、医学研究者と経済学者が専門とするところであり、厳密な意味での倫理学の問題ではないだろう。

また、専門家の知見よりも「自分の祖父はヘビースモーカーだが、九〇歳まで生きた。だからたばこの害は関係ない」（伊佐山　一九九九、五七頁）のような、自分に都合のよい統計的でない話を信じようとする認知バイアスについては、心理学者が研究すべき別の論点になる。

もっとも、喫煙が「ペイ」するかという経済的視点について言えば、喫煙の問題は、国民の健康、生命という「人間の尊厳」に関わることであるゆえに、「そもそもたばこ事業を財政収入の問題としてとらえる発想それ自体が、基本的に誤っている」という主張（伊佐山　一九九九、一八〇頁）は、倫理学的な論点と言えるだろう。つまり、経済効率性と人命の優先順位をめぐる価値判断は、倫理学の問題である。

例えばハーバードの公衆衛生学大学院教授であるイチロー・カワチは、「日本が国として、人の命と売り上げのどちらを優先させるべきかは明らか」だと述べている（「受動喫煙対策　全面禁煙で公害化を止めよ」朝日新聞二〇一七年六月二日記事）。筆者もこの主張に基本的に同意するが、毎年多くの死傷者が発生するにも拘らず社会的に容認されている自動車交通などを考えてみると、人の命がつねに優先されているかどうかは自明ではなく、どのような場合であれば経済効率性と人命を天秤にかけることが不適切になるのか、さらなる議論が必要である。

■喫煙の害に関するエビデンス

倫理的議論においても科学的なエビデンスは重要であるが、喫煙の害に関するエビデンスに関しては、歴史的に利害関係者の思惑も絡んでおり、立場によって意見が異なっている。例えば、現時点では、喫煙が本人や周囲の人間の健康にもたらす害については、世界保健機関（WHO）のような国際的な専門機関や厚生労働省などはこれを明確に認めている[2]。それに対して、JTは、喫煙者本人の害については肺がん、心筋梗塞等、「特定の疾病のリスクファクター」（の一つ）だと認めているが、受動喫煙の害は科学的に立証されていないという立場を取っている[3]。

喫煙が本人や周囲の人の健康に害をもたらさないとすれば、倫理的には何の問題もないだろう。問題なのは、そのような被害が実際にある場合に、どのような対応をするのが適切かということである。そこで、倫理学の議論としては、ひとまず喫煙が本人や周囲の人間の健康に害をもたらすという前提を受け入れたうえで、「本人、周囲の人の健康に害悪となる行為に関して、個人の自由をどこまで認めてよいか」を議論するのがよいと思われる。

〔児玉　聡〕

■喫煙規制の三つの立場

喫煙の規制に関して、とりうる選択肢は大きく分けて三つある。

① 喫煙は個人の自由であるため公共空間で規制はしない（私的空間でも自由）。
② 公共空間では規制（分煙か、全面禁煙）するが、私的空間では規制しない。
③ 私的空間でも公共空間でも禁煙。

喫煙や受動喫煙の健康上の害悪を前提に考えた場合、どれを選ぶのが正しいだろうか。これが本稿で問題にしたい倫理学の問いである。

なお、私的・公的という区別について付言しておくと、私的空間での喫煙ということでここで念頭に置いているのは、自宅の自室など他人に影響を与えないような環境で一人で喫煙することである。ただし、純粋な意味での私的空間は実際のところはなかなか存在せず、集合住宅のベランダでの喫煙が周囲との軋轢を生みだすような事例も問題になっている（「「ホタル族耐えられない」住まいの受動喫煙　進まぬ対策」朝日新聞二〇一〇年九月一七日）。また、英国では、子どもを受動喫煙から守るために、場合によっては自宅での喫煙にも介入すべきだという議論もある（Nuffield Council on Bioethics 2007, 109）。

〔児玉　聡〕

■他者危害原則とパターナリズム

上記の三つの選択肢について検討する前に、この議論をするのに欠かせないJ・S・ミルの他者危害原則とパターナリズムについて理解しておく必要がある。議論の中心にあるのは、自分や他者の安全を守るために、政府はどこまで個人の自由ないしライフスタイルに介入してよいか、という問いである。

J・S・ミルの他者危害原則は、自由主義（リベラリズム）の大原則として知られるものである。ミルは一九世紀後半に英国で活躍した思想家であり、『自由論』（一八五九）は社会の発展のために個人の自由を最大限尊重する必要性があることを説いた自由主義の古典である。彼は、「文明社会の成員に対し、彼の意志に反して、正当に権力を行使し得る唯一の目的は、他人に対する危害の防止」であり、「個人は自己の行為について、それが自分以外の人の利害に関係しないかぎり社会に対して責任をとる必要はない」と述べ、自由主義の根本的原則を定式化した（ミル　一九七九、二二四・二二三頁）。個人の自由を制限してよいのは、他人に危害を与える行為に限られるというこの考え方は、「他者危害原則（harm-to-others principle あるいは harm principle）」という名で知られている。『自由論』におけるミルの考え方については、以下でさらに詳しく見ることにする。

その一方、他者が当人の利益のためを考えて当人が必ずしも望んでいない介入を行なうことを「パターナリズム（父権主義）」と言う。ミルは、判断能力のある成人に関しては、当人の自由を制限してよいのは他者に危害を加える場合に限るとした一方で、下記で述べるように、子どもや「未開人」にはパターナリスティックな介入が許されうると考えていた。個人の自由を最大限に尊重しようとするミル流の自由主義の立場では、パターナリズムは極力排除すべきものと考えられる。

もっとも、現代社会では、自動車のシートベルトの着用義務を始めとして、法律を用いたパターナリズムがある程度まで社会的に受け入れられていることも事実である。それゆえ、今日的な問いは、どの程度のパターナリズムなら社会として許容できるか、というものであろう。だが、話を広げすぎずに、ここでは喫煙規制について上記の二原則の視点から考えよう。

2　喫煙は個人の自由であるため公共空間で規制はしないという主張

さて、それでは喫煙規制の問題について検討しよう。最初に、「喫煙は個人の自由であるため、公共空間だからと言ってむやみに規制しないのはもちろんのこと、私的空間でも当然自由」という主張を検討する。これは、現在では大声で主張している人は少ないが、かつては主流だった立場である。

■禁煙に関する一昔前の論調

今から四〇年ほど前までは、病院でもどこでもたばこを自由に吸えた。旧国鉄こだま号に初めて禁煙車両が設けられたのは昭和五一年（一九七六）であり、国内線旅客機で初めて禁煙席が設けられたのはその二年後である。一九七八年に「きれいな空気を吸う権利」の確立を求める市民が「嫌煙権」という言葉を提唱し、昭和五五年（一九八〇）には初の嫌煙権訴訟が起こされた[4]。

若い読者には当時の状況を想像するのが難しいかもしれないが、伊佐山芳郎の『現代たばこ戦争』（一九九九）では、嫌煙権が問題になった頃の議論が紹介されている。そのいくつかを引用しよう。

職場で同僚の吸うたばこの煙に悩んでいるOLの人生相談に対して、小室氏〔評論家の小室加代子氏〕は次のような回答を寄せた。「本当はそんなにいやなら、会社をやめたらいいのです。私があなたの上司なら、そういいますよ。隣のオジサンは、ニコチン中毒であろうとあなたよりは会社に貢献してきたのです」「間接喫煙ぐらいでシボむような花ならポイですよ」「あなたはニコチン中毒よりも、もっともしまつの悪い一流中毒患者のようですね」（伊佐山　一九九九、九〇－九一頁）。

名古屋大学の加藤雅信教授（民法）は（……）、「たばこを喫いたい人とその煙を受けたくない人との双方が同じ場所にいた場合に、双方をともに満足させる方法はない。そこでは、たばこを喫いたい人が他方に迷惑を掛けた上で我を通すか、隣人のほうが喫いたい人の嗜好を犠牲にしたうえで我を通すか、いずれかであって、いわば我の張り合いにすぎない」（伊佐山　一九九九、九〇頁）。

これらの引用に見られる「喫煙しない人が我慢すればよい」という趣旨の主張は、新聞紙上の人生相談やアカデミズムにおいてだけでなく、嫌煙権をめぐる判決においても現れている。一九八七年の嫌煙権訴訟東京地裁判決で述べられた「受忍限度論」がそれである。

■「受忍限度論」と世論に訴える論法

この訴訟は、こだま号の一六号車以外に国鉄の中・長距離列車に一両の禁煙車もなかった一九八〇年に起こされたものである。原告は国鉄車両の半分を喫煙車両、半分を禁煙車両にすることを訴えていた。七年後に原告敗訴の判決が出たが、それまでの七年間に公共交通機関の分煙が進んだため、実質勝訴として控訴はなされなかった。ただ、判決で述べられた「受忍限度論」は今日でも取り上げられることがある。それによれば、「一般的に受動喫煙の結果、眼、鼻、咽の痛みなどの被害や不快感を受けることがあることは認められるが、列車内の受動喫煙は「一過的」であり、受忍限度内である」(伊佐山　一九九九、八五頁)。つまり、受動喫煙の害はその場限りのたいしたものではないのだから、それぐらいは我慢しろというわけだ。しかし、伊佐山が指摘するように、喘息患者、乳幼児には急性被害もありうるし、車掌や車内販売員のような従業員には慢性疾患のリスク要因にもなりうるだろう(伊佐山　一九九九、八七頁)。つまり、単なる不快では済まず、危害になる可能性があるということである。

また、同判決には、「日本の社会は喫煙に対して寛容であるので、このような風潮も判断の基準にすべきである」という論点も出てくるが、この論点は、判決から四〇年近く経った現代では、「日本の社会は喫煙に対して不寛容であるので、全面的に禁煙にしてよい」のように、まったく逆の使い方ができてしまうだろう。このことが示しているのは、権利侵害の有無について考える際には、このように世論に訴える論法は危険だということである。

■現在の議論とどこが違うのか

現在の視点から見ると、こうした八〇年代の議論においては、喫煙の害悪（とくに受動喫煙の健康被害）が十分に理解されていなかったと言える。ミルの他者危害原則の議論を踏まえた加藤尚武の次の指摘が適切だろう。

> 人が受ける被害には「危害」と「迷惑」の二種類があります。危害とは、身体や財産への侵害です。例えば殴られるなどです。英米法の原理である自由主義は、原則として個人の行動は自由で、他人に危害を加える「他者危害」だけが、法律による禁止対象になる、という考え方です。一方、「迷惑」には、お互い様という部分があって、どこまで譲り合うか、です。マンションの生活音などが代表ですね。かつてたばこは

「迷惑」として扱われていました。「臭いからやめてほしい」「あなたの香水だって臭い」という議論ですね。しかし、受動喫煙の害が立証されたことで、公共の場での喫煙は「迷惑」から「他者危害」へと変わったのです。私はそのことを知って吸う気がなくなりました。今では公共の場での喫煙は当然、自由を規制する対象です(5)。

〔児玉　聡〕

これはつまり、八〇年代の議論では、「他人に危害を加える行為は規制されうる」という自由主義の原則について意見の相違があったというよりも、むしろ、「喫煙は単なる迷惑にすぎないのか、あるいは他人に対する危害なのか」という事実をめぐる意見の相違があったということである。

加藤の言うとおり、受動喫煙の健康被害が社会的に認知されてきたこともあり、現在の争点は、「公共空間では分煙するか、全面禁煙にするか」に移ってきた。そこで次にこの問いを検討しよう。

3　公共空間では規制し、私的空間でしか喫煙はできないという主張

■今日の日本の喫煙規制

まず先に、公共空間での喫煙に関して、今日の日本の規制状況を概観しておこう。二〇〇三年施行の健康増進法では、第二五条において、「学校、体育館、病院、劇場、観覧場、集会場、展示場、百貨店、事務所、官公庁施設、飲食店その他の多数の者が利用する施設を管理する者は、これらを利用する者について、受動喫煙（室内又はこれに準ずる環境において、他人のたばこの煙を吸わされることをいう。）を防止するために必要な措置を講ずるように努めなければならない」という受動喫煙の防止が謳われているが、罰則のない努力義務となっていた(6)。

その後、二〇一八年七月の改正健康増進法成立により、学校や病院や市庁舎などの施設（第一種施設）では敷地内禁煙、それ以外の施設（第二種施設。事務所、ホテル、飲食店、国会など）では原則屋内禁煙となり、全面禁煙すべき施設と分煙禁煙すべき施設が明確に規定され、喫煙者や事業者にも罰則付きの義務が課されるようになった。ただし、経過措置として、既存の経営規模の小さな飲食店に関しては、喫煙可能な場所である旨を掲示すれば、店内で喫煙可能とした。これらの規定は二〇二〇年四月一日に全面施行された(7)。

地方自治体レベルでは、二〇〇二年の東京都千代田区の条例を皮切りに、各地で路上喫煙を禁じる条例が広がった(8)。また、神奈川県では、国に先駆けて罰則規定を盛り込んだ受

〔児玉　聡〕

動喫煙防止条例（二〇一〇年四月施行）によって屋内の喫煙を制限した。当時神奈川県知事だった松沢成文も、加藤尚武と同様に、「たばこを吸わない人にとって、隣の人に勝手にたばこを吸われるのは、迷惑を超えて危害です」と述べている。[9] さらに、二〇一八年六月には東京都も、国の改正健康増進法よりも幾分厳しい「東京都受動喫煙防止条例」を成立させた。[10]

さらに、各県のタクシー協会などが自主的に全面禁煙に踏み切る動きも全国に拡大し、北海道の千歳のハイヤー・タクシー業者の団体が二〇一一年七月一日から全車で全面禁煙を実施したことにより、四七都道府県の全域で全面禁煙が実施されることになった。[11] 大学のキャンパスでも全面禁煙に踏み切る大学が増え続けている。[12]

近年の喫煙規制強化の背景にあるのは、二〇〇四年に日本も批准したWHOの「たばこの規制に関する世界保健機関枠組条約（たばこ規制枠組条約）」である（条約の発効は二〇〇五年）。たばこ規制枠組条約は、その目的を「たばこの消費等が健康に及ぼす悪影響から現在および将来の世代を保護する」とした上で、広告・販売促進の禁止やたばこ税の引き上げなどの価格対策を求めている。また、この条約はすべての締結国に対し、二〇一〇年二月までに公共の施設や機関を禁煙とするよう求めている。

■今日の議論の争点

分煙の必要性さえ疑問視されていた八〇年代の議論とは異なり、今日の議論においては、分煙の必要性に関しては一定の合意が得られている。争点は、有効な分煙が現実的に可能かどうかをめぐってだと言える。空間分煙派が、「分煙は、吸いたい人も望みがかなって幸せ、吸いたくない人も望みがかなって幸せ」と考えているのに対して、全面禁煙派は「分煙は、実際にはうまくいかないので、吸いたい人は望みがかなうが、吸いたくない人は望みがかなわず不幸になる」と考えている。この議論においては、「喫煙したい人はそうすればよいが、受動喫煙を望まない人の意思は尊重しなければならない」という規範については基本的に意見が一致しており、問題になっているのは、望まない人にも満足の行く分煙設備を作ることができるのかどうかという技術的な点だと言える[13]。

だが、空間分煙にした場合の大きな問題として、レストランや居酒屋など、分煙環境で働く従業員の健康の問題がある。以前、厚生労働省が労働安全衛生法との関連で受動喫煙を問題にしたのも、労働者の健康を重視したからであった。「全面禁煙にすると客足が減って経営が成り立たなくなるから、従業員の健康を犠牲にする」という考え方は許されるだろうか。受動喫煙による健康被害が明白であるならば、経営と従業員の生命や健康を秤にかけることは基本的には許されないだろう。

〔児玉　聡〕

■みなが喫煙に同意していれば問題ないか?

しかし、これに対しては、「従業員は全員、「望んで」その状況にあるのであれば、許される」という応答もありうるだろう。この点と関連して、少し前に、「全面喫煙カフェ」の動きがあったが、これについてどう考えるべきだろうか。次の事例について考えてみてほしい。

ＪＲ新橋駅烏森口前に四月にオープンした「カフェトバコ　新橋駅前店」(……)が静かな人気を集めている。……。同店は、「おいしいコーヒーとたばこを楽しむ」をコンセプトにした愛煙家のためのセミ・セルフサービスのカフェ。昨年一〇月にオープンした有楽町店に続く二店舗目となる。店舗面積は一七・七坪で、席数は四四席。店内三フロア全席で喫煙が可能。客層は近隣で働くサラリーマン中心だが、女性客や「中継的にふっと入られるお客様も多い」(同店)。「気兼ねなく喫煙できて、すごくいい」など、愛煙家からは喜びの声が寄せられ好評だという。同社営業本部の斉藤俊彦さんは「これまで驛舎珈琲店や椿屋珈琲店などの高級喫茶店を展開してきたが、全席が禁煙または分煙の店舗がほとんどだった。その中で、たばこをたしなむお客様のための店舗の必要性を感じ、あえて全席喫煙カフェの展開に踏み切った」と話す[14]。

仮に、この喫茶店の店員がみな受動喫煙の害を承知の上で働いていて、客もそれを承知の上で店に入ってくるのであれば、政府はこのような店を規制すべきだろうか。「全面禁煙カフェ」があるのであれば、「全面喫煙カフェ」があってもよいのではないだろうか。

上で述べたように、J・S・ミルは他者危害原則を用いて、個人の自由を政府が規制することが許される場合とそうでない場合の線引きを試みた。前節で加藤尚武が適切に述べていたように、受動喫煙が他人に対する危害となると考えられるのであれば、規制の対象となりうる。ただし、ミルが次のように述べている点にも注意が必要である。「個人のみが関係することにおける個人の自由は、これと呼応して、幾人かの人々が彼らに共通に関係し、彼ら以外の人々には関係しないようなことを相互の同意によってとりきめる自由があることを意味する」（ミル　一九七九、二三二頁）。つまり、成人間で合意があるのであれば、彼らの自由にさせておくべきであり、政府が介入すべきではないという議論である。

そこで、ミル流の自由主義からすれば、従業員や客がみな、たばこの害悪を十分に理解したうえで同意しているのであれば、全面喫煙の施設も許されると考えられる。しかし、上記傍点部の仮定は大きな仮定であるので、これを制度的に十分に保証できないのであれば、認めるべきではないだろう。

〔児玉　聡〕

■「たばこは文化だから禁止すべきでない」か？

もう一つ、「たばこは文化だから禁止すべきではない」という議論もある。近年のヨーロッパ事情を紹介した新聞記事では、「三〇〇年を超える歴史を誇り、「愛煙家の天国」だったウィーン名物のカフェが岐路に立たされている。西欧から押し寄せる禁煙の波に抗しきれず、伝統あるカフェの多くが喫煙室の設置を義務づけられた。しかし、巨額の改装費が経営を圧迫、一時休業に追い込まれる老舗も出ている」とあり、伝統あるカフェに通う客の次のコメントが紹介されている。「たばこの煙も店の雰囲気を醸し出す重要な要素。なくなったらウィーンのカフェとはいえない。たばこ法なんてナンセンスだ」[15]。

このような議論についても、加藤尚武が、ミル流の自由主義の立場から次のように適切に述べている。

危害がある文化をどこまで許容するかというのは、よほど気をつけないといけない。例えば、……中東などの一部では婚前・婚外の性交渉をした女性を家族が殺す「名誉の殺人」という因習があります。「汚れた娘は生かしておけない」という理屈である。これは文化であっても受け入れてはならない。奴隷制度だって「文化だ」と弁護した人は大勢いるんですよ。たばこは「迷惑」と考えられていた時代なら、許容しうる文化と言えたかもしれない。でも、今や「他者危害」であることが明白なのですから、許される文化ではないでしょう。(16)

つまり、文化の尊重はある程度までは重要であるが、少なくとも自由主義の枠内では、他人への危害防止や権利の尊重の方が文化の尊重よりも優先するということだ。『風と共に去りぬ』で描かれている南部の白人貴族文化は、奴隷制なしには育たなかったかもしれないが、その文化を守るために奴隷制を存続させるべきだという議論は、正当化できない。

〔児玉　聡〕

■未成年者の喫煙は許されるか？

ところで、未成年については、ミルの他者危害原則とはまったく別の議論が必要である。未成年についてミルは次のように述べている。

この理論は、成熟した諸能力をもつ人間に対してだけ適用されるものである。我々は子供たちや、法が定める男女の成人年齢以下の若い人々を問題にしているのではない。まだ他人の保護を必要とする状態にある者たちは、外からの危害と同様、彼ら自身の行為からも保護されなければならない。（ミル　一九七九、二二五頁）

ミルにとって個人の自由に価値があるのは、自分の利益については他の誰よりもよく当人自身が関心を持っており、それゆえ人々に自由を認めれば各人は自分の幸福や個性の発展に益することを自ら進んで行ない、引いてはそれが社会の進歩につながるためである。したがって、自由にさせておくと他人に危害を与えるばかりでなく自分自身にとっても害悪になることをする可能性が高いと思われる人々に関しては、他者が当人の利益を考えて介入をすることが認められる、というのがミルの立場である。

ミルは、判断能力のある成人に関しては、当人の自由を制限してよいのは他者に危害を加える場合に限るとした一方で、子どもや「未開人」にはパターナリスティックな介入が許されうると考えていた。判断能力のある成人の場合に対するパターナリズムと対比して、このような判断能力のない人に対するパターナリズムを「弱いパターナリズム」と表現することがある。今日の文脈で言えば、重度の知的障害者や、認知症で判断能力のない成人に関しても、このような弱いパターナリズムが一般的に正当化される可能性があるだろう。

日本でも、二〇歳未満の喫煙は未成年者喫煙禁止法によって禁止され、未成年が自動販売機でたばこを購入することができないよう、タスポカードによる成人識別が行なわれている。しかし、残念ながら、未成年の喫煙は十分にコントロールできておらず、また親や教師が子どもにタスポカードを渡して便宜を図るなどの行為も問題になっている。(17) 親や地域社会が子どもを「彼ら自身の行為」から守れないのであれば、政府が対応する必要があるだろう。

〔児玉　聡〕

4　私的空間でも公共空間でも禁煙すべきという主張

前述したように、今日の主な争点は、公共空間での規制のあり方（空間分煙か、全面禁煙か）をめぐるものである。この議論が一段落すると、次の争点は、「公共空間だけでなく、私的空間でも全面禁煙にするかどうか」、つまり成人の喫煙を完全に禁止するかどうかになる可能性がある。そこで最後の節では、このような立場が自由主義の枠内において正当化されるかどうかについて検討しよう。

まず、次の架空の事例について、読者はどう考えるだろうか。

たばこを毎日ひっきりなしに吸っている高齢の作家がいる。彼女はＣＯＰＤ（慢性閉塞性肺疾患）を患っており、よく咳をしているだけでなく、ときどき水の中に入ったときのように呼吸が苦しくなることがあると家族に漏らしている。医師は、たばこを止めて運動をすれば、まだまだ長生きできると彼女に説明している。彼女の家族は、これ以上の喫煙は彼女の死を早めるため、医師と相談して強制的にでも禁煙させたいと考えている。しかし、彼女は、たばこを吸っていないと良い小説が書けないと思っており、長生きするよりも現在書いている小説を書き上げることの方がずっと大事だから、たばこを止める気はないと考えている。また、喫煙は自室でしかしていないため、誰にも迷惑はかけていないと思っている。

仮に彼女の喫煙を強制的にやめさせることができるなら、家族はそうすべきだろうか。

■私的空間における喫煙：ミルの立場

加藤尚武は、すでに引用した新聞記事の中で、「今では公共の場での喫煙は当然、自由を規制する対象です。自室で一人で吸うのは個人の自由の範囲でしょう」と述べている。他人に危害を加えないのであれば、たとえ自分の健康に有害な行為であったとしても、禁止すべきではない。ミル流の自由主義を喫煙の問題に適用すると、これが上記の事例に関する模範的な回答であろう。

このような回答に対しては、喫煙は明らかに本人に健康被害をもたらすのだから、それと知りつつたばこを吸うのは不道徳であり、禁止してよいのではないか、という批判もありうるだろう。このように、不健康なライフスタイルを選ぶことは道徳的に悪いことだから法律を用いて禁止すべきだという発想は、一般にリーガル・モラリズムと呼ばれる。歴史的には、禁酒法を始め、公衆衛生上の規制は「人々を道徳的な堕落から守る」というリーガル・モラリズムの発想から実施されることがあった。

だが、他者危害に比べると、自室での喫煙のどこが道徳的に悪いかは明確でない。本人に健康被害をもたらす可能性があるのは、喫煙だけでなく、身体負荷の高いスポーツや、ヒマラヤへの登山やヨットによる太平洋横断などについても言える。ミルの考え方からすれば、判断能力を持つ成人の場合、仮に他人には愚かに見える行為であっても、他人に危害を加えていない限りは当人の自由を尊重すべきである。

〔行為者当人の幸福は、それが〕物質的なものであれ精神的なものであれ、〔その人の自由を制約する〕十分な正当化となるものではない。そうする方が彼のためによいだろうとか、彼をもっと幸せにするだろうとか、他の人々の意見によれば、そうすることが賢明であり正しくさえあるからといって、彼に何らかの行動や抑制を強制することは、正当ではありえない。（ミル　一九七九、二二四―二二五頁）

この引用の直後に、ミルは強制でなく助言や説得という形であれば問題ないと述べている。この点は強調しておくべきだろう。彼は他人のことは一切知ったことではないという態度を勧めているわけではなく、相手の理性や感情に訴える議論は許されると考えている。しかし、繰り返しになるが、ミルの考えでは、「本人のためにならない」という理由で政府や社会が個人の行為に干渉すると、個人の自由な活動が制約され、結果的に当人の幸福のためだけでなく、社会全体の幸福にとってもマイナスの効果をもたらしてしまう。そのため、ミルはパターナリズムやリーガル・モラリズムに強く反対したのだ。

■私的空間における喫煙：グッディンの立場

一方、オーストラリアの哲学者で、喫煙の倫理性について著作があるロバート・グッディンは、加藤と同じミル的な自由主義の発想から出発して、他者危害原則により公共空間における喫煙を規制すべきだと論じるだけでなく、私的空間における喫煙についても規制可能だと主張している（Goodin 1989）[18]。

グッディンの議論を理解するには、まずインフォームド・コンセントという概念を知っておく必要がある。インフォームド・コンセント（informed consent）とは、インフォームド、すなわち十分な説明（information）を受けた上で同意する（consent）ことである。例えば医療におけるインフォームド・コンセントの考え方は、検査や治療に関するいくつかの選択肢についてその利益とリスクの説明を受けた上で、当人の価値観に照らして自ら選択するというものである。しかし、グッディンによれば、喫煙に関しては、このインフォームド・コンセントが成り立っていない。なぜなら、第一に、喫煙者は喫煙の害悪に関して十分なリスクが知らされておらず、第二に、たとえ知らされていたとしても、喫煙は依存性が強いために、自発的な同意をしたとは言えないからだ。したがって、喫煙者の同意は有効ではなく、政府は彼らを喫煙の害悪から守る義務がある。

グッディンの議論を図式的に論じると、グッディンは以下の前提1と前提2は認めるが、前提3と前提4を否定していると言える[19]。

前提1　政府は、他人の危害にはならないが自分に危害を与える活動であるからという理由で、知識のある成人がその活動を自発的に行うことを妨げてはならない（ミルの他者危害原則）

前提2　私的空間における喫煙は他人に危害を加えない。

前提3　成人はたばこのリスクを知っている（知識の条件）。

前提4　成人は自発的に喫煙している（自発性の条件）。

〔児玉　聡〕

結論　政府は成人の喫煙者が私的空間において喫煙することを妨げてはならない。

以下では前提3（知識の条件）と前提4（自発性の条件）について検討してみよう。

■喫煙者はたばこのリスクを知っているのか?

まず、たばこのリスクについての情報提供に関しては、日本では特に不十分とされてきた。伊佐山は次のように述べている。

例えば、日本で売られているマイルドセブンには、（……）「吸いすぎに注意」というような表示をして販売しているのに、その同じマイルドセブンが外国で売られる時には、「肺がんの原因となる」とか、「心臓病の原因となる」などと表示されている（……）。このように、（……）日本の消費者には、喫煙に関する正しい情報（……）が与えられていないということは、喫煙に関する消費者の選択権が奪われているということになる。だから、「喫煙者は自業自得」ではないかという人がいるが、これは本当は正しくない。情報が与えられていないところに、正しい自己決定はないと言うべ

きだからである。（伊佐山　一九九九、一四頁）

〔児玉　聡〕

米国でも、たばこ会社が喫煙の害悪に関する重要な情報を隠蔽していたとして、九〇年代以降、多くの損害賠償訴訟が起きたことはよく知られている（棚瀬　二〇〇〇、chaps. 1-2）。このような経緯も踏まえ、WHOのたばこ規制枠組条約では、第十一条（たばこ製品の包装及びラベル）において、「タバコ製品の包装及びラベルについて、虚偽の、誤認させる若しくは詐欺的な手段又はタバコ製品の特性、健康への影響、危険若しくは排出物について誤った印象を生ずるおそれのある手段（例えば「ロー・タール」、「ライト」、「ウルトラ・ライト」などの名称）（……）を用いることによってタバコ製品の販売を促進しないこと」および、「タバコ製品の個装その他の包装並びにあらゆる外側の包装及びラベルには、タバコの使用による有害な影響を記述する健康に関する警告を付するもの」として、喫煙を行なおうとするものに十分な情報が提供されることを保障することを各国に求めている。つまり、たばこのリスクについて十分な情報を提供するとともに、ミスリーディングな宣伝や広告を規制することが必要だと述べているのだ。

日本でも、上記のたばこ規制枠組条約批准後、広告規制の強化やたばこパッケージの注意文言の改正が行なわれた。上記伊佐山の引用からはすでに二〇年が経ち、すでに「マイルドセブン」も、健康被害もマイルドだという誤解を招くとして、Mevius という名前に変わった。だが、健康被害についてのタバコのパッケージの表示やメディアでの周知度に関しては、日本は依然として国際的に低いレベルにあるとされる[20]。

■成人は自発的に喫煙しているのか？

ところで、上の議論に対しては、次のような反論が考えられる。喫煙者の全員が全員、たばこのリスクについて十分に知っているわけではないにせよ、一部の人はよく調べたうえで喫煙しているのかもしれない。また、たばこのリスクについて今後十分に普及啓発活動をした上でなら、私的空間で喫煙することは認められるべきではないだろうか。

しかし、仮に十分な情報提供がなされていたとしても、喫煙をしようとするものが自発的に同意できないのであれば、適切な同意がなされたとは言えないだろう。これがグッディンが指摘する二つ目の問題、すなわち依存症の問題だ。

たばこは本人にとって有害であるという議論に対して、たばこには「効用」もあるという反論がある（武田　二〇〇七、一四八頁以下、名取・上杉　二〇〇六、一一二頁以下）。例え

〔児玉　聡〕

ば、名取春彦は、喫煙の効用として、覚醒作用、リラックス作用、発想の転換を促す、気付け作用、痴呆症（認知症）の予防の可能性、喫煙所は自由人たちの社交場などを挙げている[21]。たしかに喫煙が当人にもたらす利点と欠点の比較は重要であり、当人が合理的に利点と欠点を比較したうえで喫煙をしているのであれば問題はないだろう。しかし問題は、喫煙の場合、他の薬物等の依存症と同様に、理性的な比較ができているのかどうかが疑わしい点にある。

　たばこが依存的であることはよく知られており、ＷＨＯのたばこ規制枠組条約前文にも「たばこ依存症は主要な国際疾病分類で独立した疾病として分類されている」と明記されている。日本では二〇一〇年一〇月のたばこ税の増税を機に禁煙に挑戦した人が多かったが、ある調査によると、喫煙者の六割が増税前に禁煙にチャレンジすると回答しながらも、実際に挑んだのは四割以下だったことがわかった。また、禁煙に挑戦した人のうち、二ヵ月後にはすでに六割が「失敗」していることが明らかになったという[22]。

　喫煙者の多くが依存症であり、やめようと思ってもやめられないとすれば、必ずしも喫煙に自発的に同意しているとは言えないだろう。とくに、未成年から吸い出している喫煙者に関しては、喫煙に関するインフォームド・コンセントは一度も成立していないかもしれない。喫煙の害悪についての説明を十分に受けず、また受けたとしてもすでに依存症で自発的な同意が難しいとすれば、「喫煙者が健康被害を受けるのは自業自得である」ということは正しくなく、むしろ「喫煙者も被害者だ」というべきであろう（伊佐山　一九九九、二〇二頁、宮島二〇〇七、一三頁）。このように考えるなら、政府は喫煙者がたばこ依存から抜け出すのを手助けするためにパターナリスティックに介入すること――ルソーの言葉を借りれば「自由になることを強制する」こと――が、正当化されるかもしれない。

■グッディンの議論に対する反論の検討

喫煙に関してはインフォームド・コンセントが成り立たないがゆえに、私的空間における喫煙をも禁止すべきだとする以上のような議論に対しては、いくつかの反論が考えられる。まず、他の嗜好品や薬物はどうなのかという批判があるだろう。例えば、アルコール飲料も、たばこと同様、その害悪に関して十分な情報提供が行なわれていない可能性があり、また、身体に悪影響を与えたり、依存症によって精神的な問題を引き起こしたりする可能性がある。一貫性の観点からすれば、たばこを規制するのであれば、アルコールも規制すべきではないか（小谷野　二〇〇五、四一頁）。

たしかに規制の一貫性は重要であり、食品や薬物が他人や自分に対して与える害悪を相対的に評価して、規制すべき対象の順位付けをすることが重要である[23]。しかし、アルコールについて言えば、WHOはアルコール規制にも本腰を入れつつあるので、たばこだけが狙い撃ちされているかと言えば、決してそうではないだろう[24]。仮に、アルコールがたばこと同じように本人および他人に対して有害であり、しかもアルコールに関してはたばこについて言われるほど十分な情報提供がなされていないとすれば、たばこと同様、アルコールについても適切な情報提供が行なわれるべきであろう。

次に、シャピロが指摘しているように、たばこが依存症を引き起こすとはいえ、一部の人は意志の力によって禁煙に成功するという事実があるのであれば、喫煙は常に自発的でないとまでは言えないかもしれない（Shapiro 1994）。これについては、グッディンが例として挙げているように、ヘロインのような依存性が高いと認められている麻薬であっても、自力でやめることができる人もおり、ある薬物に依存性があることと、強い意志の力を持って自力でやめられる人がいることとは、必ずしも矛盾しない（Goodin 1989, 25）。問題は、たばこを止めるためにどのぐらい強い意志が必要かということであり、多くの人にとって不可能であるような程度の意志の力が必要とされるとすれば、一般にたばこを吸うことに対して自発的な同意をしているとは見なせないだろう。

喫煙者にはインフォームド・コンセントが成り立っていないというグッディンの議論が正しいとして、私的空間における喫煙に関して、政府はどのような規制を行なうべきだろうか。

■どのような規制が望ましいか

一般に、ある行動が倫理的に望ましくないからといって、政府が法律によってその行為を禁止することが直ちに正当化されるわけではない。ミルの他者危害原則も、政府や世論による介入の必要条件を述べたものであって、この原則を満たせば直ちに介入をすべきだと述べているわけではない。グッディンも自主規制や課税や法的禁止など、さまざまな禁煙政策を比較検討しているように、なるべく個人の自由を尊重した仕方で規制を行なうことが望ましい（Goodin 1989, secs. 2.4, 3.5）。

とくに、アルコールなどの他の依存症と違い、喫煙者は（少なくとも喫煙している間は）理性を失うことはなく、暴力をふるうなどの問題を起こすわけではない。このような事情を考慮に入れた場合、まず政府がやるべきなのは、たばこについての情報提供を徹底することと、独力で禁煙をすることが困難な喫煙者に禁煙プログラムなどを提供することであろう。実際、日本では二〇〇六年からは、ニコチン依存度が強いと判定された喫煙者で、かつ患者自身が禁煙を希望している場合には、効果の高い禁煙補助薬を用いた禁煙治療が健康保険の適応となっている（また、二〇一六年からは、三五歳未満の若者の保険適応条件が緩和された）[25]。

一九二〇年代頃に行なわれた米国の禁酒法のように、全面的な禁止がうまくいかない場合もある。喫煙に関しても、直ちに販売を禁止し、喫煙者を強制的に依存症から離脱させない限り解決策がないというのでない限り、公共空間での禁煙の動きを進めるとともに、喫煙の害悪についての情報提供を十分に行ない、喫煙者が自発的にやめる手伝いをすることが、公衆衛生政策として望ましく、倫理学的にも正当化されるものだと思われる。

〔児玉　聡〕

■まとめ

ここまで、自由主義的な観点を中心にして、喫煙規制の是非を論じてきた。自由主義は個人の自由を最大限に尊重しようとする考え方だが、「あなたの自由が認められるのは、私の鼻の先までだ」と言われるように、個人の自由には他人に危害が加わらない限りという条件が付く。したがって、自由主義的には、屋内の受動喫煙が他者に危害をもたらすならば、屋内の全面禁煙や完全分煙といった規制が必要である。

また、私的空間における喫煙は、それが他人に危害を及ぼさない限りは、原則自由であるべきである。しかし、その前提として、情報提供や依存症の対策を通じた喫煙の自発性の保証が重要である。規制の一貫性の観点からすると、同様な考察が他の薬物や食品の規制などでも行なわれるべきであり、合わせて成人に対する法律を用いたパターナリズムをどこまで許容すべきかについても明確な議論がなされることが重要である。

なお、自由主義についての問いで倫理の問いが尽きているわけではないという点にも留意してほしい。自由主義的には、「自室での喫煙については、政府は介入すべきでない」という結論が導かれるかもしれないが、それは「個人が自室で喫煙しても許される」ということであり、「積極的に喫煙すべきである」ということではない。「私には喫煙する自由があるが、私は喫煙すべきだろうか」と問うことが有意味でありうる。「〜する自由（権利）がある」は「〜すべきだ」を必ずしも含意しないからである。

〔児玉　聡〕

〈文献一覧〉

Boonin, David, and Graham Oddie. 2005. *What's Wrong?: Applied Ethicists and Their Critics*. New York; Oxford: Oxford University Press.

Goodin, Robert E. 1989. No Smoking: The Ethical Issues. *The University of Chicago Press, Chicago and London.*

Nuffield Council on Bioethics. 2007. *Public Health: Ethical Issues*. https://doi.org/10.1136/bmj.j651.

Nutt, David J., Leslie A. King, and Lawrence D. Phillips. 2010. "Drug Harms in the UK: A Multicriteria Decision Analysis." *The Lancet* 376 (9752): 1558–65.

Shapiro, Daniel. 1994. "Smoking Tobacco: Irrationality, Addiction, and Paternalism." *Public Affairs Quarterly* 8 (2): 187.

World Health Organization. 2007. "Protection From Exposure to Second-Hand Tobacco Smoke: Policy Recommendations." https://escholarship.org/uc/item/0nb6z24q.

——. 2019. *WHO REPORT ON THE GLOBAL TOBACCO EPIDEMIC, 2019*. http://www.who.int/tobacco/mpower/offer/en/.

ミル・J・S　一九七九、「自由論」世界の名著49『ベンサム／J・S・ミル』関嘉彦責任編集、中央公論社。
伊佐山芳郎　一九九九、『現代たばこ戦争』岩波書店。
児玉聡　二〇一二、「喫煙の自由とその限界」『実践する政治哲学』宇野重規・井上彰・山崎望編、五一―三四頁、ナカニシヤ出版。
千代田区生活環境課　二〇〇三、『路上喫煙にno!：ルールはマナーを呼ぶか』ぎょうせい。
名取春彦・上杉正幸　二〇〇六『タバコ有害論に異議あり！』洋泉社。
宮島英紀　二〇〇七、『まだ、タバコですか？』講談社。
小谷野敦（編著）、斎藤貴男・栗原裕一郎　二〇〇五、『禁煙ファシズムと戦う』小谷野敦編、ベストセラーズ。
棚瀬孝雄編　二〇〇〇、『たばこ訴訟の法社会学：現代の法と裁判の解読に向けて』Sekaishiso Seminar. 世界思想社。
武田良夫　二〇〇七、『タバコは百害あって一利なし」のウソ』洋泉社。
谷畑健生　二〇一一、「未成年へのたばこ対策の実態」保健師ジャーナル六七巻五号三七六〜三八四頁。

〔児玉　聡〕

＊なお、本稿は児玉聡『実践・倫理学』（勁草書房、二〇二〇年）の第五章「他者危害原則と喫煙の自由」を改訂したものである。

（1）たばこに関するＪＴの基本認識
http://www.jti.co.jp/corporate/enterprise/tobacco/recognition/index.html

（2）ＷＨＯたばこの規制に関する世界保健機関枠組条約前文を参照せよ。外務省HP http://www.mofa.go.jp/mofaj/gaiko/treaty/pdfs/treaty159_17a.pdf（二〇一〇年一一月三一日最終アクセス）。以下も参考になる。WHO: Dismantling tobacco industry myths http://www.who.int/tobacco/communications/events/wntd/2007/dismantling/en/index.html
厚生労働省「喫煙と健康問題について簡単に理解したい方のために（Q&A）」https://www.mhlw.go.jp/topics/tobacco/qa/
また、厚労省の研究会による以下の大部の報告書も参考になる。喫煙の健康影響に関する検討会。二〇一六。「喫煙と健康：喫煙の健康影響に関する検討会報告書。」

（3）喫煙と健康に関するＪＴの考え方
https://www.jti.co.jp/tobacco/responsibilities/guidelines/responsibility/index.html

（4）日本における禁煙・分煙をめぐる歴史については、例えば以下を参照せよ。タバコ問題情報センター「日本の禁煙問題30年史」

http://www.tbcopic.org/tbc_info/jpn_problem.htm

なお、JTの前身の日本専売公社が一九六五年に開始し二〇一八年まで続けていた「全国たばこ喫煙者率調査」によれば、「一九六五年は男性喫煙率八二・三％、女性一五・七％だったが、二〇一八年は男性二七・八％、女性八・七％に減った」とされる（「JT喫煙率調査、半世紀の歴史に幕　厚労省は「残念」」朝日新聞二〇一八年一二月一三日）。

（5）「公共の場の禁煙、進まぬ関西　中村通子記者が加藤尚武さんに聞く」（朝日新聞大阪版二〇〇九年三月二三日）。

（6）厚生労働省「受動喫煙防止対策について」（二〇〇三（平成一五）年四月三〇日厚生労働省健康局長通知）https://www.mhlw.go.jp/seisakunitsuite/bunya/kenkou_iryou/kenkou/tobacco/dl/tuuchi-030430.pdf

（7）以下のサイトを参照。厚生労働省「受動喫煙対策」
https://www.mhlw.go.jp/stf/seisakunitsuite/bunya/0000189195.html

（8）「条例で路上喫煙を規制する自治体が増え、全国で100を超えている。」（「路上たばこ「ダメ」浸透　区域以外で半減も」朝日新聞二〇〇九年五月三〇日夕刊）。千代田区における路上喫煙禁止の経緯については、千代田区生活環境課（二〇〇三）も参照せよ。なお、路上喫煙を禁止する主な根拠は、副流煙による健康被害というよりは、たばこの吸殻のポイ捨ての問題や、衣服の焼け焦げや火傷などの危険性などである。

（9）「広めたい、たばこ規制」（朝日新聞二〇〇九年一〇月二三日）。ただし対象施設により分煙か完全禁煙を選択可能である。

〔児玉　聡〕

(10) 都の条例について詳しくは以下のサイトを参照。東京都福祉保健局「東京都受動喫煙防止条例」http://www.fukushihoken.metro.tokyo.jp/kensui/tokyo/kangaekata_public.html#shisetsu

(11) 「全国最後の喫煙タクシー、7月から禁煙に」(朝日新聞二〇一一年五月二六日)

(12) 「広がる、大学全面禁煙　健康増進法受け、全体の4分の1に」(朝日新聞二〇一六年二月六日)

(13) この点について、世界保健機関(WHO)は、屋内の分煙では完全には健康被害を防止できないため、全面禁煙にすべきだと主張している(World Health Organization 2007, 7)。

(14) 「新橋に全席喫煙のカフェ─「肩身が狭い」愛煙家の人気集める」(新橋経済新聞二〇〇九年五月二七日) http://shinbashi.keizai.biz/headline/604/

(15) 「ウィーン　カフェ苦境　禁煙の波　改装費が経営圧迫」(朝日新聞二〇一〇年二月一〇日)

(16) 「公共の場の禁煙、進まぬ関西　中村通子記者が加藤尚武さんに聞く」(朝日新聞大阪版二〇〇九年三月二三日)。以下も参照。「たばこは文化か健康問題か　山崎正和、内山充、加藤尚武3氏の意見」(朝日新聞一九九八年六月一八日夕刊)。

(17) 「喫煙する中学生、保護者7割「容認」市教委、市立146校で調査／神奈川県」(朝日新聞横浜版二〇一〇年一二月九日)、「喫煙：中学講師、生徒にたばこ　せがまれて暴れ防止に──三重・尾鷲」(毎日新聞二〇一一年七月二一日夕刊)、「子ども喫煙、黙認は罪　親や売った店、書類送検1259人」(朝日新聞二〇一四年四月一六日)

(18) グッディンの立場は本書で奥田も詳しく紹介している。

(19) 以下のまとめは、Boonin and Oddie (2005, 639) を参考にした。

(20) 世界保健機関（ＷＨＯ）によるたばこ規制の国際比較によると、健康被害に関する情報提供については、日本は四段階評価で下から二番目の水準にある（World Health Organization 2019, 154）。また、とくに未成年に対する規制がいまだ不十分だという指摘もある（谷畑　二〇一一）。

(21) なお、認知症との関係について付言しておくと、喫煙習慣がアルツハイマー病の発症率を高めるのか低めるのかについては、双方の立場を支持する論文が国際誌で報告されているため、ＷＨＯや厚生労働省のサイトなどでは言及されていない。

(22) 「増税機に禁煙挑むも「6割」が失敗、ニコレット禁煙支援センター調査」https://www.j-cast.com/trend/2010/12/08082844.html

(23) 実際にそのような試みも行なわれている。二〇一〇年の研究によれば、薬物使用による他人に対する危害と自分に対する危害を合わせるとアルコールが一番害が大きいとされる（Nutt, King, and Phillips 2010）。

(24) 「アルコール規制、酒業界ピリピリ　ＷＨＯ、指針案採択」（朝日新聞二〇一〇年一月二三日夕刊）。

(25) e-ヘルスネット「禁煙治療ってどんなもの？」

https://www.e-healthnet.mhlw.go.jp/information/tobacco/t-06-007.html

喫煙しない自由からの闘争——喫煙規制問題を倫理学する(1)

奥田太郎

あなたはタバコを吸う人だろうか、それとも、タバコを吸わない人だろうか。どちらであっても誰もがタバコの問題からは無関係ではいられない。これがタバコ問題の厄介なところだ。

タバコに火がつけられると、火のついた部分とついていない部分の両方から煙が出る。タバコを吸う人は火のついていない部分に口を当て、そこから煙を自分の体内に吸い込んでその香りを楽しむ。一度吸い込まれた煙は再びタバコを吸う人の口から外に吐き出される。タバコを吸わない人もこの煙を吸い込むことになる。他方、火のついた部分から出る煙は、蚊取り線香やアロマキャンドルと同様、煙が充満する空間内にいる人全員が否応なく吸い込むことになる。

タバコ問題の厄介さを運んでくるのは、主としてこの煙だ。「副流煙」や「環境タバコ煙」などと呼ばれて、世界中で問題になってきた。蚊取り線香やアロマキャンドルと違うのは、タバコから出る煙が人の命を奪う強い疑いをかけられているからだ。タバコ問題の歴史は長いが、現代の日本で生じているタバコ問題の歴史は百年に満たない。ここで手短に、タバコの煙問題の現代史を辿っておこう。

〔奥田太郎〕

■タバコ問題の現代史

二〇世紀半ば、アメリカ合衆国で、喫煙者自身が原告団を形成しタバコの煙による健康被害についてタバコ製造会社を訴えるタバコ訴訟を起こし、その波は瞬く間に世界に広がった。日本にもその波は伝わり、一九五四年、長野県伊那市に「日本禁煙友愛会」が設立されることとなった。その後、コピーライターの中田みどりの作り出した「嫌煙権」という言葉を足がかりに、一九七八年に「嫌煙権確立をめざす人々の会」が結成され、国鉄（現JR）や専売公社（現JT）を相手にした訴訟が始まる。国鉄がなぜ関係するのか、現在の状況では想像しにくいかもしれないが、当時、駅構内や列車内での喫煙は自由であり、禁煙車両は存在していなかったのである。不特定多数の人々が頻繁に行き来する公共の場で意図せずタバコの煙に曝されることの是非が問われたわけだ。

他方、アメリカでは、さまざまな攻防の果てに、一九九八年、大手タバコ会社四社が州政府との間に包括的な和解を成立させていた。タバコに由来する病気に対して州政府が支払ってきた医療費をタバコ会社が負担すべきだという争点がここにはあったのである。その後、二〇〇三年に世界保健機関（ＷＨＯ）第五六回総会で「タバコ規制枠組条約（Framework Convention on Tobacco Control）」が可決されるに至り、その締約国は一七〇カ国を超えた。日本もまたこの条約の締約国であり、条約発効を受けて二〇〇六年六月には、日本禁煙学会が設立されている。こうして、公共空間でのタバコ規制の動きが国際的に推進されるようになり、現在に至っている。

日本では、二〇〇三年に施行された健康増進法によって、公共施設における受動喫煙規制の努力義務が定められたが、それから十五年以上を経て、二〇二〇年の東京五輪開催決定をきっかけとして受動喫煙規制を中心とした健康増進法の改正が行われることとなり、「健康増進法の一部を改正する法律」（以下、改正健康増進法と呼ぶ）の全面施行に向けて各所で対応が求められてきた。本稿では、これらの動向を踏まえて、タバコ問題に潜む倫理的な争点を浮かび上がらせてみたい。まずは、昨今の日本における喫煙規制の事情を把握すべく、二〇二〇年に向けて整備されてきた東京都受動喫煙防止条例と改正健康増進法の内実を確認しておこう。

1 日本における喫煙規制の最前線

喫煙規制に関して、現在の日本において注目すべき法令は、東京都受動喫煙防止条例と改正健康増進法である。これらはいずれも、従来に比べて規制を強化する内容をもっており、その全面施行に至るまでに一定の移行期間を設けて、部分的に施行された点が共通している。私たち生活者は、法令が定まったというニュースを耳にしてから、これらの法令の施行を段階的に経験しながら、その全面的施行を迎えたのである。いきなり状況が激変するわけではなく、自分たちを取り巻く環境が一定の時間的な幅のなかで少しずつ変化していったわけである。それではまず、東京都受動喫煙防止条例について見てみよう。

(1) 東京都受動喫煙防止条例

少しだけ経緯を説明しておくと、東京都は二〇〇四年、前年に施行された健康増進法第二十五条に基づいて、自前の「東京都受動喫煙防止ガイドライン」を策定した。さらに、国の法令などの動きとも摺り合わせつつ、二〇一五年にこの「ガイドライン」の一部改正を行なった。こうした一連の受動喫煙対策の流れの延長線上に、東京都受動喫煙防止条例は策定されたのである。この条例は、二〇一九年の元日に一部施行が開始され、体制整備を徐々に進めて二〇二〇年四月一日に全面施行となった。では、この条例がしようとしていることを知るために、条例の前文を見ておこう。

受動喫煙が健康に及ぼす影響は大きく、がん、虚血性心疾患、脳卒中等の発症との関連や、母子においては乳幼児突然死症候群の危険性が高まるなど、健康に悪影響を及ぼすことが科学的に明らかにされている。／全ての都民が生涯を通じて健やかで心豊かな生活を送ることができるようにするためには、受動喫煙が健康に及ぼすこうした悪影響について、都民一人一人が正しく理解することが必要である。／東京都は、都民の健康増進を一層図る観点から、受動喫煙を自らの意思で避けることが困難な者に対し、受動喫煙を生じさせることのない環境を整備するとともに、受動喫煙に対する都民の理解の促進に努めなければならない。／このような認識の下に、どこに住んでいても、生涯にわたり健やかに暮らせる社会の実現を目指し、この条例を制定する。

この条例が前提としているのは、受動喫煙の有害性は科学的に明らかであり、その事実を一般の人々が正しく理解することが害を避けるうえで必要である、という事実認識である。そして、この前提に基づいて、東京都内での受動喫煙規制の環境の整備と、都民への啓蒙の推進を目指した法的枠組みを東京都が定める、ということが謳われている。

具体的には、公共的な施設を運営する事業者に対して、受動喫煙による健康被害を防止するための環境整備を求め、他方で、一般の人々に対して、喫煙禁止場所での喫煙の差し控え、および、未成年者の受動喫煙予防を求めている。そのなかでも、この条例で最も重要なのは、受動喫煙防止の環境整備に関する一連の細かな取り決めである。

■規制対象施設の分類

東京都受動喫煙防止条例の目玉の一つは、さまざまな施設の類型に応じて受動喫煙規制の程度を分けて設定している点である。条例の対象となる施設は、第一種施設、第二種施設、喫煙目的施設に分類される。

第一種施設は、次の三つを含む。(1)受動喫煙により健康を損なうおそれが高い者が主として利用する施設。たとえば、学校、病院、児童福祉施設などがこれに含まれる。

（2）保育所、幼稚園、小中学校、高等学校等。（3）行政機関がその事務を処理するために使用する施設。この第一種施設では、屋内外の敷地内での禁煙が義務づけられるが、とりわけ、小中高の学校と保育所、幼稚園など、若い子どもたちが長期間利用する施設については、空調設備の有無を問わず屋外に喫煙場所を設置することすら認められていない。ここから、条例の背景に、未成年を受動喫煙から守るという理念があることがはっきりとわかる。

また、公衆喫煙所やタバコ販売店、一定の条件を満たしたバーやスナックなど、喫煙が認められる施設が喫煙目的施設に分類され、第二種施設には、上記の第一種施設にも喫煙目的施設にも含まれない、多数の人びとが利用する施設すべてが含まれる。この第二種施設では、屋内は原則禁煙だが、喫煙専用室を設ければ、その中での喫煙は許される。とはいえ、喫煙室の設置についても、気密性や排気環境の整備など、技術的基準との適合が求められ、喫煙室の有無を示す標識を提示することも合わせてしなければならないなど、厳しい条件が課せられている。さらに、第二種施設のうち飲食店については、賃金支払いのある従業員のいない場合に限り禁煙・喫煙の選択が認められるなど、従来の状況よりも施設に対する要求は大きいものになっている。

ちなみに、違反者には罰則（五万円以下の過料）が適用されるが、それは、喫煙禁止場所での喫煙に対して中止や退出を命じられたのにそれに従わない場合や、喫煙可能か否かがわかりにくい形で標識を提示したり、標識を汚損して判別しにくい状態にしたりした場合、施設として適切な環境整備や対応をしていない場合である。

このように、新たに定められた東京都受動喫煙防止条例は、喫煙行為を一律に禁ずるものではなく、受動喫煙を避けるべき場所での環境整備を、東京都などの監督省庁や、施設の管理権原者、利用者に対して命ずるものなのである。

⑵　改正健康増進法

時期を同じくして、国全体に影響を及ぼす関連法規も整備された。改正健康増進法である。これは、今を去ること一五年以上前の二〇〇三年に施行された健康増進法のうち、受動喫煙防止を定めた第二五条を中心に改正されたものであり、正確には、「健康増進法の一部を改正する法律」である。二〇一八年に成立した後、段階的な導入プロセスを経て、二〇二〇年に全面施行されることになった。

■改正健康増進法の基本的な考え方

今回の改正に際して、第二五条の「受動喫煙（室内又はこれに準ずる環境において、他人のたばこの煙を吸わされることをいう。）」という文言がすべて、「望まない受動喫煙」に改められた。この言葉は今回の改正のキーワードと言ってもよく、厚生労働省は、改正健康増進法の公布に先立って、「望まない受動喫煙」に関する三つの基本的な考え方を公表している。改正健康増進法の基本コンセプトがよくわかるので、それを確認しておこう。

基本的考え方　第一：「望まない受動喫煙」をなくす

受動喫煙が他人に与える健康影響と、喫煙者が一定程度いる現状を踏まえ、屋内において、受動喫煙にさらされることを望まない者がそのような状況に置かれることのないようにすることを基本に、「望まない受動喫煙」をなくす。

基本的考え方　第二：受動喫煙による健康被害が大きい子ども、患者等に特に配慮

子どもなど二〇歳未満の者、患者等は受動喫煙による健康影響が大きいことを考慮し、こうした方々が主たる利用者となる施設や、屋外について、受動喫煙対策を一層徹底する。

〔奥田太郎〕

基本的考え方　第三：施設の類型・場所ごとに対策を実施

「望まない受動喫煙」をなくすという観点から、施設の類型・場所ごとに、主たる利用者の違いや、受動喫煙が他人に与える健康影響の程度に応じ、禁煙措置や喫煙場所の特定を行うとともに、提示の義務付けなどの対策を講ずる。／その際、既存の飲食店のうち経営規模が小さい事業者が運営するものについては、事業継続に配慮し、必要な措置を講ずる。

■旧健康増進法からの変更点

かつての健康増進法は、受動喫煙防止という発想そのものを日本社会に本格的に導入した功績はあるのだが、受動喫煙を生じさせるべきでない場所を特定するところまでは踏み込んでいなかった。そのため、喫煙者と非喫煙者の双方にとって「望まない受動喫煙」が生じてしまう状況はそのまま温存されてきた。これに対して改正健康増進法では、（1）施設の類型・場所ごとに禁煙措置や喫煙場所の設定を行い、（2）喫煙可能な場所に適切な掲示を義務付け、（3）国や都道府県の責任を明確にし、違反者への対応や罰則を明示することで、受動喫煙の加害と被害のどちらかに不本意な仕方で関わってしまう状況を自覚的に回避できるように条文が書かれている。さらに、未成年者を受動喫煙から保護する施設管理権原者の義務が明記され、その施設に未成年者が立ち入り可能な場所かどうかが誰にとっても明確な環境設定が促されている。これにより、未成年者を同伴する人びとが施設を利用する傾向に少しずつ変化が生じて、施設の喫煙対応が徐々に規制寄りになっていくことも見込まれるだろう。

先ほどの東京都の条例に比べると、改正健康増進法は、全面禁煙に指定される施設が少ないといった問題点が指摘されており、次の改正に向けての課題は継続して検討されなければならないだろう。とはいえ、東京都の条例も改正健康増進法もともに、喫煙行為を一律に禁ずるのではなく、受動喫煙を避けるべき場所での環境整備を国、行政、施設の管理権原者、利用者に対して命ずる法令であり、受動喫煙防止を推進するために多方面に配慮された慎重な内容を有しているという点では足並みが揃っていると言ってよい。もちろん、ＷＨＯの推奨する基準に照らせば、どちらもまったく十分でないのも事実だが、少なくとも、ＷＨＯの示した目標地点に向かって着実に前進していることもまた否定しがたい事実である。

〔奥田太郎〕

2　喫煙規制強化は倫理的に妥当か

喫煙規制をめぐる日本の現状の概略をお分かりいただいたところで、そうした喫煙規制強化が倫理的に正しいものだと言えるのかどうかについて考えてみよう。

■議論の文脈

喫煙規制の是非をめぐる議論は、世界的に見れば主にアメリカで熾烈を極めた。アメリカでは、独立戦争以来、反タバコ論争が継続的に繰り広げられており、反タバコ陣営の論調は、喫煙による人品の腐敗を難詰する「道徳的」な主張に終始しがちであったが、やがてタバコのもたらす危害の科学的実証が争点となった（岡本　二〇一六、五〇頁）。喫煙の有害性が科学的に証明されうるかをめぐる論争は、さまざまな政治的・経済的思惑と交錯し合いながら、統計的に示される相関関係と因果関係との懸隔の有無に関する科学論的な論争にも絡んで、さながら泥仕合の様相を呈してきたのであった（Hilts 1996）。さらに、喫煙の有害性をタバコ製品のパッケージに明示する「健康警告の包装表示」をめぐっても、アメリカの政府行政機関とタバコ産業界を巻き込んで政治的な闘争が展開していた

（Fritschler 1989）。

だが、そうした混迷の状態も二一世紀を迎える頃には終局を迎え、〈受動喫煙に伴う様々な健康への害は科学的に実証された〉というコンセンサスが国際的な主流を成すに至っている。現に、国際機関であるＷＨＯは、世界各国の喫煙状況と受動喫煙対策の状況を調査し、二〇〇八年以降隔年で、世界のタバコ規制の動向を報告する *The WHO Report on the Global Tobacco Epidemics* を刊行して、さまざまな勧告を発しており、この流れが覆ることはなさそうである。

こうした状況が示すように、受動喫煙が健康に対して明白に侵襲的な悪影響を及ぼしていることが、客観的な事実として科学的に証明されているのだとすれば、「望まない受動喫煙」を防止するための喫煙規制を法的に促す昨今の動きは、素朴に考えるなら、他者に対する危害を禁ずる原則（＝他者危害原則）に基づいて、倫理的に正しいものだとみなされるだろう。このことをもう少し理論的に考察するために、喫煙規制の倫理問題に対して哲学的な分析を加えた論者、ロバート・グッディンの議論（Goodin 1989）を参照してみよう。ここからが倫理学的思考の始まりである。

〔奥田太郎〕

(1) 他者への危害を考える

グッディンは、喫煙が他の人びとに及ぼす悪影響を、（1）胎児に対する危害、（2）受動喫煙者に対する危害、（3）不快な臭気の創出に大別し、それぞれについて論じている(Goodin 1989, p. 57)。（1）は、懐妊している人の権利や義務に関わる微妙な問題を含んでいるし、また、（3）もまた、「危害なき不道徳」や「起訴可能な不快」といった厄介な問題を伴うものである。これらの論点も実に興味深いのだが、本稿で検討対象としているのは受動喫煙防止に関わる喫煙規制であるため、（2）に注目しておこう。

■喫煙者と非喫煙者の立ち位置

グッディンは、喫煙規制が倫理的に正しいのか否かを考えるために、規制によって喫煙行為を制約される喫煙者と、規制によって受動喫煙から解放される非喫煙者が、互いの権利について葛藤状態に陥ることに注目する。ここで問題となるのは、非喫煙者の「きれいな空気を吸う権利」と喫煙者の「喫煙する権利」のどちらが優先されるべきか、ということである。どちらの権利も、あらゆる権利に優先されるような絶対的なものではないだろう。どちらの権利を行使するにしても、他の人びとの健康や安寧に影響を及ぼすところでは、制約を受けざるを得ないからである。ここまではいいだろう。

さて、改めて確認しておくべきなのは、喫煙者と非喫煙者がお互いの存在によってどのような影響を受けるのか、である。一方の喫煙者は、非喫煙者がそこにいてもいなくてもいずれにせよ、自分の状態は良くもならなければ悪くもならない。他方、非喫煙者は、喫煙者がその場で喫煙を始めれば、自分の状態は決定的に悪くなりうる。つまり、喫煙者には、その場で喫煙をするか否かの選択肢が与えられているが、非喫煙者には、その場できれいな空気を吸うか否かの選択肢は与えられていない。ここで、喫煙者の権利と非喫煙者の権利の問題に重ねてみると、次のことが言えるだろう。

喫煙者は、非喫煙者の前で喫煙を控えることで、非喫煙者のきれいな空気を吸う権利と自身の喫煙する権利とを自らの行為選択によって両立させることが可能だが、非喫煙者は、喫煙者が自分の周囲で喫煙する権利を行使し始めることで、自身のきれいな空気を吸う権利を侵害され、（その場を立ち去る以外の仕方では）その状態を自らの行為選択によって解消することができない。

このことからわかるのは、喫煙することへの権利要求と、きれいな空気を吸うことへの権利要求は、現実的な制約を考慮すると、対等ではありえないということである。

■喫煙する権利ときれいな空気を吸う権利の非対等性

さて、グッディンはここで、ジェイムズ・リペースが案出した思考実験（Repace 1985, p. 27）に言及して、喫煙者と非喫煙者の非対等性にさらに光を当てる（Goodin 1989, pp. 68–9）。たとえば、非喫煙者にとってはまったく無臭無害だが、タバコの煙を吸っている最中の喫煙者がフィルター越しに摂取すると、摂取した者に耐え難い不快感を与える物質へと分解される、そんな特殊なガスが開発されたとしよう。

さて、ある非喫煙者が喫茶店でコーヒーを飲んでいると、その周囲で一人の喫煙者が喫煙を開始したので、その非喫煙者は、その特殊なガスを喫茶店内で流し始めたとしよう。喫茶店に入って注文するのはコーヒーなのだから、喫煙者が喫煙することと、非喫煙者が特殊なガスを流すこととは、ともに、注文内容とは無関係なものを消費するという点で対等である。さて、その喫煙者は、そのガスを吸い込んで猛烈な不快感に襲われたので、たまらずそのガスのない空気を吸う権利を主張するかもしれない。

この場合、喫煙者はタバコを吸うか吸わないかを自分で選択できるし、同時に、非喫煙者は特殊なガスを流すか流さないかを自分で選択できる。また、非喫煙者が副流煙の影響から逃れうるか否かが喫煙者の選択に完全に依存しているのとまったく同じように、喫煙者が特殊なガスの影響から逃れうるか否かは非喫煙者の選択に完全に依存している。ともに、自ら喫茶店を去ることを選択する以外に、自分の選択によって現状を変えることはできない。

ここからわかるのは、非喫煙者が求める「きれいな空気を吸う権利」と対称性をもちうるのは、ここで喫煙者が求めている「ガスのない空気を吸う権利」であって、喫煙する権利ではない、ということである。もっと正確に言えば、ここで衝突しているのは、「副流煙のない空気を吸う権利」と「ガスのない空気を吸う権利」であり、これらの権利はともに「きれいな空気を吸う権利」に含まれるものである。

何かが適切な意味で衝突していると言えるためには、その衝突の基盤となる対称性が存在していなければならない。権利の衝突もまた然りである。裏を返せば、喫煙する権利ときれいな空気を吸う権利のような、対称性をもたないもの同士の間には実質的な衝突は生じ得ない。そこにあるのは実は、喫煙行為による非喫煙者に対する一方的な権利侵害だったというわけである。となると、この権利侵害が避けるべきものとして認められるなら、喫煙する権利ときれいな空気を吸う権利が同時に主張された場合には、後者の前者に対する原理的な優位性がある、と結論づけられることになるだろう。つまり、喫煙者は非喫煙者の前で喫煙をすべきではないのだ。

〔奥田太郎〕

■受動喫煙の自発性と喫煙する権利

ただし、グッディンは、この権利の優越関係が例外として保留される二つの可能性に言及する。すなわち、（1）非喫煙者が喫煙者の喫煙に対して自発的な同意を与えている場合、および、（2）コストと利益を計算して、喫煙者が喫煙をやめることで生じる損失が、非喫煙者が受動喫煙を強いられることで生じる損失を上回っている場合、の二つである。

（1）は、受動喫煙の自発性に関わる問題である。何かをすることを自発的に選択できるには、それをしないことも選択できるのでなければならない。しかし、誰しも息をしないことを選択することはできない。それゆえ、受動喫煙は、喫煙者の傍にいることの不可避的な帰結として生じる非自発的な喫煙だと考えられるのである。

確かに、親しい間柄での小さな集まりのなかでは、非喫煙者から同意を得たうえでの受動喫煙はありうるし、その場合には喫煙者の喫煙する権利の行使は認められてよいだろう。しかし、不特定多数の人々が往来する空港やレストランで居合わせるすべての非喫煙者の同意を取り付けることは著しく困難である。だからといって、受動喫煙を避けたければ、バスに乗らなければよいし、公共施設を利用しなければよい、とは言えないだろう。なぜなら、職場、公共交通機関、公共施設、公共の娯楽施設（レストランや映画館など）などは、「受動喫煙を避けるためだけに行くのを控えるよう期待されることが理に適っていない場所」（Goodin 1989, p. 71）だからである。

それゆえ、少なくとも公共の場所については、受動喫煙の自発性は成り立ちにくく、受動喫煙を防止するための喫煙規制は認められてしかるべきだということになるだろう。また、それを原則としながらも、一定の条件のもとで喫煙が認められた場所について標識で明示する義務があるとする最近の喫煙規制のあり方は、受動喫煙の自発性を保障するための方策として理解することができるだろう。

■喫煙する権利を行使するコスト

これに加えて（2）の場合を考慮すると、日本における喫煙規制の現状が倫理的に妥当なものかについてさらに検討を進めることができる。たとえば、航空旅客機について考えてみよう。航空旅客機は、現在はほぼすべての便について全面的に禁煙化されているが、かつては、全面禁煙化の導入をめぐってさまざまな議論が交わされていた。

そうした論争のなか、航空旅客機に禁煙状態で数時間乗った時の喫煙者の苦痛と、航空旅客機に喫煙状態で数時間乗った時の非喫煙者の苦痛を金銭換算することで、両者の苦痛を比較考量する実験が行われた。その結果、空気の所有に対して金銭的な支払いをするとした場合に、受動喫煙を避けるために非喫煙者が見せた支払い意思の最低金額は、喫煙するために喫煙者が見せた支払い意思の最高金額の何倍も高いということがわかったのである（Goodin 1989, p. 75）。

あるいは、レストランなどの公共の場所に新しい客がやってきた場合に、その都度その客と交渉をして喫煙が認められるか否かを決定していけば、上で述べた受動喫煙の自発性が保障されるかもしれないが、そのために要するコストは想像を絶する大きさであろう。また、店内の喫煙者の数が増えた時に出ていかなければならなくなる非喫煙者のコストは、店内での喫煙を控える喫煙者のコストに比べて、はるかに大きいであろう（Goodin, 1989, pp. 79–80）。

もちろん、こうした点はすべて、経験的な事実に依拠して判断されるべきものであるため、どの状況でコストが利益を上回るかといったことについて無条件に確定することはできない。とはいえ、こうした考慮から言えるのは、公共の場所での喫煙規制について、場所を特定して厳格に実施することは、コストと利益の比較考量の観点からも理由のないことではない、ということである。東京都喫煙防止条例や改正健康増進法による喫煙規制において、対象施設を区分してそれぞれの性質に応じたあり方で規制を実施する、という方策をとることは、こうした観点からも倫理的に十分妥当だと考えてよいだろう。

(2) 自己への危害を考える

ここまでの議論で、受動喫煙防止に関わる喫煙規制については十分論じられた。しかし、そもそもアメリカでタバコ関連訴訟が始まったきっかけが、喫煙者自身が喫煙によって被った健康への危害に関する訴訟であったことを思い出していただきたい。そしてまた、「健康増進」という法令の名称からも、長期的には、喫煙者自身への健康被害についても喫煙対策の射程内に含まれていることがわかる。それゆえ、喫煙の喫煙者自身への危害に関するグッディンの議論（Goodin 1989, Ch. 2）をここで確認しておく方がよいだろう。

〔奥田太郎〕

■喫煙者は体に悪いと知っている？

喫煙の健康被害は、大気汚染による健康被害と比べたとき、喫煙者の自発的なリスクの引き受けが被害の原因を構成しているという点で特徴的である。喫煙が喫煙者の自発的な行為だとすれば、そこから生じる健康被害は「自己への危害（harm to self）」であり、喫煙行為は愚行権の行使だということになる。十分な判断能力をもつ大人であれば、愚かなことであっても自分でそれをやることを決めてよいのだから、健康被害をもたらす可能性の高い喫煙行為をしても何の問題もない、というわけである。

ただし、喫煙行為の自発性が保証されるためには、次の二つの問いに対してともにイエスと答えならなければならない。（1）喫煙者は喫煙行為のリスクを適切に理解しているのか。そして、（2）喫煙者は喫煙行為のリスクを完全に自発的に引き受けていると言えるのか。グッディンはこれらの問いを、インフォームド・コンセントの問題系のなかに位置づけて考える（Goodin 1989, p. 16）。

（1）の問いは、喫煙者は消費者として十分な情報を与えられているか、という問題である。これは、タバコ会社やＪＴの広告、タバコ商品の包装やポスター等での健康被害に関する警告表示のあり方に関わる。実際のところ、グッディンが論陣を張った一九九〇年代前後と比較して、タバコの有害性に関する情報提供や広告規制は、世界的に見ても明らかに適切な方向に進展している。日本特有のタバコ広告の問題点（村田 二〇一二）も見過ごしてはならないとはいえ、ここでの論点に限って言えば、（1）に対してイエスと回答しても、現在では特に目立った現実的な争点はないと言ってよいだろう。

■喫煙者は体に悪いとわかったうえで喫煙している？

むしろ問題は（2）である。仮に（1）の問いへの答えが文句なくイエスだとしても、喫煙行為が果たしてリスクの自発的な引き受けに基づいているかという（2）の問いは、それとは独立に検討されるべきである。

（2）について決定的な争点となるのは、タバコの嗜癖性[2]である。喫煙行為が、タバコの嗜癖性に由来するものであるなら、極端に言えば、喫煙をするか否かについての有効な同意が成立しうるのは、最初の喫煙時のみである。それ以降の喫煙については、タバコの嗜癖性ゆえに非自発的になされたものであるがゆえに同意が成り立たないということになる（Goodin 1989, p. 29）。

未成年の時に喫煙を開始した場合には、同意能力が十分に認められていない年齢で喫煙

〔奥田太郎〕

を始めたことになる。そして、その後、タバコの嗜癖性に促されて非自発的に喫煙を継続して成人になっているわけだ。だとすれば、この種の喫煙者には、これまでの人生で一度も喫煙に対する適切な同意の機会がなかったと考えてよいだろう。喫煙を続けてしまったのは、喫煙者のせいではない、ということである。

また、最初の喫煙時に成人であった喫煙者についても、タバコの嗜癖性ゆえに喫煙行為を続けざるを得なかったのだとすれば、最初の喫煙行為に対して下された同意が、その後の自動的な喫煙行為の継続に対する同意をも含んだ包括的同意であったか否かが重要な争点となる。さらに言えば、継続的な喫煙行為が喫煙者に対してもたらす健康被害は、ときに命に関わる深刻なものとなるため、そのような危険な状態に身を置く同意そのものがそもそも無効である、と考えることもできるだろう。事程左様に(2)の問いにイエスと答えるのはなかなか骨が折れそうである。

以上より、喫煙者は、喫煙行為のリスクを適切に理解しているとしても、そのリスクを完全に自発的に引き受けているとは言い難い。それゆえ、喫煙行為の自発性は保証されず、それを愚行権の行使とみなすことはできないのである。したがって、喫煙者自身にとっての喫煙の危険性そのものを根拠に、政策的に喫煙規制を行うことは、むしろ、当人に十分な判断能力が見込めない状態において当人の利益に配慮して為される倫理的に正当な介入だということになるだろう。この種の議論は、喫煙者が継続的な喫煙行為を通じて自分自身が被った健康への危害の責任をタバコ会社に問うことに対して、倫理的な正当化の論理を提供するのである。

3　喫煙規制強化に隠された倫理的問題

ここまで見てきた通り、「望まない受動喫煙」を防ぐための喫煙規制が倫理的に妥当なものであることに、もはや争う余地はなさそうである。東京都受動喫煙防止条例や改正健康増進法など、日本における現行の喫煙規制強化の動きは、徹底したものだとは言い難いところもあるものの、それ自体としては問題なく推進されるべき方向を向いていると言ってよいだろう。先ほどから見てきた通り、現在の喫煙規制は、喫煙者も非喫煙者も含めたすべての人びとを受動喫煙から保護する、という観点から進められており、その内実は、特定の場所における喫煙行為の法的禁止である。ここまでは特段問題はない。しかし、ここで改めて考えておかなければならないのは、喫煙規制の理由である。

■見えなくなっている理由を疑え

喫煙規制の理由は何も一つではない。公共の場所に集う不特定多数の人びとに受動喫煙からの自由を保障することが、現時点で顕在化している喫煙規制の理由である。しかし、その背後には、往々にして他の理由が潜んでいることがある。たとえば、法律の名称としても明記されている「国民の健康増進」はもちろん、医療費削減等の財政上の効率化といった別の理由が、意識されずにひっそりと紛れ込んでいるかもしれない。

先ほど見た通り、「万人の望まない受動喫煙からの自由」という理由が、もはや争う必要のないほど明白に倫理的に正しいものであることがかえって、まだはっきりと意識されていない（あるいは、意識されないように配慮されている）別の理由群の内容を見えにくくしている虞もある。そうした見えない理由が密かに喫煙規制を駆動して、受動喫煙防止の観点からの規制が、気づけば、場所を問わず喫煙行為を一律に禁ずる観点からの規制へと姿を変えてしまっているかもしれない。

■特定の人間の否定をもたらす危険性

たとえばそれが、財政上の効率化という理由に強く牽引されるものであるとすれば、それによって、ある種の人間に対して存在否定をもたらすことにもなるだろう。ここで否定される「人間」とは、他ならぬ喫煙者のことである。財政上の効率化という理由のもとに、喫煙者たちは国家財政を蝕む無駄な存在として端的に否定されることになるわけだ。

こうした問題はこれまで、「禁煙ファシズム」や「喫煙文化の擁護」といった言葉とともに語られ続けてきたものであり、決して目新しいものではない。しかし、喫煙規制の強化が倫理的に正しいものとして進められる段階に至った現在だからこそ、その倫理的な正しさが目眩しとなって、そうした問題の所在そのものが見えなくなりがちである。この問題は、他ならぬこの状況において、本当の意味で倫理学的に問われるべき課題として浮かび上がってくる。

ここからは、喫煙行為ではなく、一人の人間としての喫煙者に着目することで、昨今の喫煙規制強化の流れのなかに埋もれかねない、倫理学的な観点から見たタバコ問題の核心を明らかにしたい。

(1) 喫煙者をめぐる言説

現行の喫煙規制に関する法令では、主たる対象は喫煙という行為であるため、喫煙者は、特定時点でタバコに火を点けて煙を周囲の空間に排出する者という、顔をもたない一般的な存在としてのみ扱われている。しかしながら、喫煙行為は、タバコの嗜癖性も手伝って、一人の人間の習慣に密接に関わるものである。実際に私たちが日常的に出くわす喫煙者とは、特定時点で偶発的に喫煙行為をした任意の者というのではなく、喫煙をし続ける悪徳あるいは美徳を身につけた、いくらか「厚み」のあるイメージを伴った一人の人物に他ならない。

■喫煙者への人格批判

このことは、喫煙規制推進派が表明するいわば「嫌煙意識」のなかにネガティブな形で顕著に見出される。たとえば、反喫煙の論陣を張るフリーライターの山本由美子は、有名な映画の主人公を持ち出して、次のように喫煙者に対する人格的な批判を展開している。

寅さん自身が、タバコをスパスパ吸って無神経に他人にタバコを吹きかけているシーンなんてなかったことは、寅さんのファンなら周知だろう。寅さんとタバコは無縁だった。思いやりがあって、気配り豊かな寅さんだもの、タバコ片手に蘊蓄をたれて

> も真実味がなくなるというものだ。／（……）寅さんが、**風体の割りには清潔感がそこはかとなく漂っていた**のは、タバコの臭いがしなかったからである。（山本　一九九七、五二頁。強調は奥田）

　ここで山本は喫煙を非難しているのだが、もちろん喫煙のもたらす危害への注目はあるとはいえ、それ以上に目立つのは、そうした危害をもたらす悪い習慣をもつ特定の喫煙者の人格に対する嫌悪感のようなものである。「思いやりがあって、気配り豊かな」や「風体の割りには清潔感がそこはかとなく漂っていた」といった記述は、タバコや喫煙行為とは根本的に何の関わりもないはずである。しかしながら、事程左様に、反喫煙を主張しようとするときには、なぜか喫煙への批判に人格的な要素が入り込むことが少なくない。

■不合理で無節操な人物という喫煙者イメージ

　もう一つ、喫煙批判の文脈で喫煙者に固有の人格的厚みを見出しがちな叙述の例を挙げておこう。次の文章は、日本を代表する科学史家・科学哲学者である村上陽一郎のものである。

かつて十年前まで著者も喫煙者であった。そのことへの反省も含めて、書かずにはいられない。すべての人からタバコを取り上げようとは言わない。公衆便所のように、社会があちこちに独房のような公衆喫煙所を設け——なんだったら「自殺志願者クラブ」とでも看板をかかげ——タバコはそこでだけ許される、というような制度をつくってみたらどうだろう。（村上　一九九七、一一〇頁。強調は奥田）

主張内容としては、現在で言う「分煙」や「喫煙室の設置」を訴えている文章なのだが、「独房」や「自殺志願者」といった社会的にネガティブなイメージをもたされている言葉が持ち込まれることで、そうした主張内容は後景に退き、不合理であちこちで煙を垂れ流す無節操な人物というイメージが喫煙と結びついて鮮明に浮かび上がっている。

さらに言えば、ここで展開されている村上のある種のブラックジョークには、喫煙者に対してはこれくらい言っても構わないというステレオタイプな差別意識が透けて見えるようでもある。ここでは、そのことの是非が問題なのではない。重要なのは、「分厚い記述」を伴った悪徳者への人格的な非難と喫煙行為が無批判に結びつけられている、という点なのである。

■喫煙者のポジティブなイメージ

他方で、喫煙行為の喚起するポジティブな人物イメージが、タバコ広告において頻繁に利用されてきたことは、周知の通りである。タバコというアイテムは、それを所有し使用する人物に、ダンディ、スタイリッシュ、あるいは社交的といったイメージを与えてきた。映画などのフィクションの世界においても、タバコや喫煙行為は、登場人物の性格や内面を描き出すツールとして長らく使用されてきたのである。こうしたことはかなり広く浸透しており、特定の時代に特有の流行あるいは錯誤にすぎないとして、即座に切り捨てて済ませられるようなものではないだろう。

■タバコというアイテムの不思議

少し角度を変えて、タバコというアイテムそのものについて考えてみるとどうだろう。喫煙規制に関する法令では、タバコは、単なる煙を排出する物として扱われるのみである。しかし、よくよく考えてみると、消費財としてのタバコには、他の消費財にはない特殊な特徴があるように思われる。

たとえば、タバコという消費財の特殊性は、（1）煙を吸って肺に入れるのを目的とすること、(2) 重大な疾病を高い確率で引き起こすこと、(3) 購入しないことを勧めるメッセージを添えて販売されていること、(4) 継続消費の結果やめられなくなることなどが挙げられる(田中 二〇一四、七頁 注一三)。これらの特殊性をもって、だから規制されるべきだ! と即座に考えるのはあまりに短絡的に過ぎるだろう。むしろ、こう考えるべきだ。こうした特殊性がありながら、なぜこれほど長期にわたって受容されてきたのか、と。そして、そのことを分析しなければならない。

■タバコ文化の問題か、喫煙者のライフスタイルの問題か

もちろん、タバコのもつ嗜癖性をその要因に挙げることもできる。しかし、米国精神医学会の『精神疾患の診断・統計マニュアル』(DSM)やWHOの『疾病及び関連保健問題の国際統計分類』(ICD)において、タバコ依存とニコチン依存のどちらに定位するかをめぐって揺れがある(宮田 二〇一八)ように、タバコには、アルコールその他の物質依存を招くものの嗜癖性とは一線を画す何かがあることは確かである。それは時に、灰皿やライターといった関連する他のアイテムの工芸的な造形の洗練や、喫煙の所作のスタイル的洗練などと結びついて、喫煙文化として理解されることもある。

おそらく、喫煙者が多数を占めていた時代においては、喫煙を単なる嗜癖を超えた文化として認識する必要はあまりなかった。しかし、喫煙規制強化のなかで喫煙者が決定的に少数派化しつつある現状においては、喫煙を文化として認識し、喫煙者を文化的マイノリティとして捉えることに切実な現実味が生じてくるのである。たとえば佐藤憲一は次のように喝破する。

> 我々は喫煙文化の存続について考えなくていいのだろうか。健康が全てに優先するのだろうか。それは健康文化の喫煙文化に対する勝利なのだろうか。政府は安全なたばこの開発を援助しなくていいのだろうか。帰属文化の崩壊によって不幸な生涯を強いられる人々に補償する必要はないのだろうか。（佐藤　二〇〇〇、二〇七頁）

とはいえ、喫煙規制強化に潜む倫理的な問題を捉えるために、喫煙者を文化的マイノリティとして捉えるという大上段を取ることは必ずしも得策ではない。というのは、仮に文化的マイノリティとして喫煙者が尊重されたとしても、おそらく喫煙者にとっては、それはそれほど居心地がよい状態ではないと思われるからである。滅びゆく文化的マイノリティとして大事に保護されたいと考える喫煙者が多く存在するとは到底思えない。むしろ、喫煙者としての生活を大切にする、というライフスタイルの問題と考える方がより穏当であろう。

こうして、一人の厚みをもった人物として人生を歩む喫煙者がしばしば為す行為として喫煙行為を捉える視座が得られた。この視座から、改めて喫煙規制強化の時代におけるタバコ問題の倫理学的課題について考察していくことにしよう。

〔奥田太郎〕

(2) 喫煙者の自律と禁煙の自由

厚みをもった人物として喫煙者を捉え、そうした人物の為す行為として喫煙を捉えるという視座から喫煙規制問題を検討するとき、次のようなより一般的な問いを介して考えることが有効であろう。すなわち、有害なものだが、一人の人間の生き方と切り離せない部分のある行為や習慣などを、どのように社会のなかで扱うべきか、という問いである。

たとえば、アルコールや薬物への嗜癖は確かに、まったく生じないことが健康上は望ましいと言えるだろう。しかし、それらに嗜癖している人自身にとっては、自らの生き方と密接に関連する営為の一部である。このことを踏まえて、嗜癖に由来して生ずる様々な問題に対して現在とられている対応について考えてみよう。

■嗜癖問題への二つのアプローチ

嗜癖由来の問題に対して現在様々な場所でとられている主たる対応は、次の二種類のアプローチに分けることができる。一つは、当該の事態を個人の問題としてではなく社会の問題として捉え、社会に向けた対策と規制でその事態を変化させようとするアプローチ、いわば、〈社会モデルに基づくアプローチ〉である。もう一つは、当該の事態を正常な状態としてではなく逸脱状態として捉え、病理からの回復としてその事態を変化させようとするアプローチ、いわば、〈治療モデルに基づくアプローチ〉である。

どちらのアプローチも、実際のところ、事態の改善に相応の成果をあげていて、嗜癖問題への対応として必要な方策であることは間違いない。また、これらのアプローチは、問題視されている当人の個別的な生き方そのものに対して直接立ち入ることなく間接的に対処しうるという点に、方策としての強みをもつと言ってもよいだろう。

〔奥田太郎〕

■第三のアプローチの可能性

だが、嗜癖由来の問題に対処する際に必要となるのは、複雑な人間関係と一筋縄ではいかない経緯のなかで培われてきた一人の人間の生き方を考えることなのである。社会モデルに基づくアプローチも治療モデルに基づくアプローチも、そもそものところからして、そうした個人の生き方に対して対応できるような性質のものではない。となれば、嗜癖問題に十全に対応するためには、そのための第三のアプローチが必要だということである。

実際、そうした第三のアプローチを示唆する試みはすでに行われている。たとえば、倫理学者の小西真理子は、人間関係における共依存をめぐって、治療モデルと社会モデルが抱える倫理学的な課題に取り組んでいる（小西　二〇一七）し、アルコール依存症者の自助団体であるアルコホリック・アノニマス（ＡＡ）での活動に長年携わってきたミック・Ｓが、アルコール依存症とともに生きる道を自らの体験の記述とともに提示することで、治療モデルと社会モデルに回収されきらない第三のアプローチを示している（ミック・Ｓ　二〇一八）。いずれの試みも、嗜癖してきた日々を、切り捨てるべき暗部としてではなく、今後も続く自らの人生の一部分として受け入れて歩み続ける、そういった道を照らし出そうとしている。

■タバコ問題における治療モデルのアプローチ

おそらく喫煙もまた、同じ問題を抱えている。たとえば、先ほど言及したＤＳＭ‐５では、喫煙はタバコ関連障害群に属する病理として位置づけられており、その背後には、〈喫煙＝病理＝そこからの回復を目指すべきもの〉という回復主義の図式が垣間見える。こうした治療モデルに基づくアプローチの場合、喫煙者に対する禁煙外来の推奨と受動喫煙防止の推進は、ひとつながりの方策として実施される。そうすることで、間違いなく多くの人びとが受動喫煙からも自身の喫煙からも免れて、より健康な生活を送れるようになるだろう。もちろんそれ自体には何ら問題はない。

しかし、かつて喫煙者だった人物が禁煙に成功し、かつての喫煙者だった自分を振り返るとき、現在の回復者としての視点から過去の自分を無力な病人でしかない存在として捉えてしまうことは、果たして手放しで肯定されるべき状態だろうか。タバコの嗜癖性を考えれば、治療モデルの重要性は疑いようがない。しかし、厚みをもった人物たる喫煙者のライフスタイルの問題として喫煙規制を捉えるとき、それとともに輻輳する何か別のアプローチが必要であるように思える。

〔奥田太郎〕

■タバコ問題における社会モデルのアプローチ

では、社会モデルに基づくアプローチがその役割を担いうるだろうか。このアプローチのなかでもとりわけ興味深いものは、社会疫学の観点から捉えられた喫煙の社会的格差の認識と、それに基づく社会的対応の模索である。これについて、二〇一六年に厚生労働省が発表した、いわゆる「たばこ白書」において、次のように簡潔に説明されている。

> 所得、学歴、職業等に関連した社会経済的要因（socioeconomic status：SES）によって喫煙率が異なり、これは喫煙の社会的格差と呼ばれている。低ＳＥＳ者は、喫煙率が高く、喫煙を開始しやすく、禁煙を行いにくく、受動喫煙に曝露されやすいことは、多くの国に共通する傾向である。日本でも、公的統計および個別な研究において、低ＳＥＳと喫煙の関連が確認されている。喫煙の流行モデルに従うと、集団全体の喫煙率の低下に伴い、喫煙は低ＳＥＳ者の特徴となり、喫煙の社会的格差は拡大し、これは今日の日本に当てはまる。たばこ対策はその方法により、喫煙の社会的格差を拡大させることもありうる。たばこ対策を行うにあたっては、低ＳＥＳ者を重視した取り組み、喫煙の社会的格差のモニタリングなど、喫煙の社会的格差への考慮が

必要である。（喫煙の健康影響に関する検討会二〇一六、Ⅶ頁）

この観点からは、喫煙者が喫煙をやめることができないのは、喫煙者個人の努力不足や意思の弱さのせいではなく、社会経済的要因に由来する、という事態の捉え方が可能となる。社会経済的要因によってもともと社会的に不利な状況に置かれがちな人びとが、喫煙をやめられないがために健康を害し、いっそう不利な状況に陥ってしまう。社会モデルでは、こうした社会的格差拡大の悪循環を認識できるので、治療モデルとは異なった形で喫煙規制を効果的に進めることにつながるというわけである。

■社会経済的要因を見て何がわかるか

効果的な喫煙規制の進め方について、「たばこ白書」は次のように指摘している。

種々のたばこ対策の喫煙の社会的格差への影響をレビューした論文では、たばこの値上げは、喫煙の社会的格差を縮小させる方向に働きやすいこと、受動喫煙防止（スモークフリー施策）は、強制的・包括的な対策では、社会的格差を縮小させることが多いが、自主的・部分的な対策では、社会的格差は拡大する傾向があること、マスメディアなどを使ったキャンペーンへの感受性は、高ＳＥＳ者のほうが強く反応しやすく（社会的格差を拡大）、同様に、禁煙指導でも、高ＳＥＳ者のほうが利用しやすく、禁煙成功率も高いことが示されている。（喫煙の健康影響に関する検討会二〇一六、四四八頁。強調は奥田）

こうしたアプローチは、集められたデータに基づき実証的に方策の妥当性を明らかにすることができる点で優れているように思われる。闇雲な対策がもたらす格差拡大の危険性について具体的に示唆しうる点も有益である。しかし、この分析を用いる視点とはどのような属性をもつ人の視点であり、それを用いた施策は何のために行なわれるのだろうか。

■社会モデルのアプローチが取りこぼすもの

まず確認しておかねばならないのは、ここで語られている「社会的格差」は、あくまでも喫煙の社会的格差にすぎないという点である。したがって、コスト削減を目指す効率性の観点から喫煙の社会的格差のみを解消する方向で対応が進められてしまう可能性もある。その場合、据え置かれた他の社会的格差は顧みられないままとなるだろう。これは、限られた元手のなかで進める現実的な公衆衛生の方策としては一定の有効性をもつであろうが、必ずしも倫理的に妥当だとは言えない。

たとえば、自主的な対策がSESの高い層に効果があるならば、むしろ、現在SESの低い層に対して、そのSESそのものを自主的な対策が有効になる程度にまで高めるための別の改善策を合わせて考えてもよいはずなのだが、そうしたことは見えにくくなるのである。このように、ある種の社会モデルのアプローチは、予算規模や審議期間といった実務上の制約を理由に対症療法的な対応に留め置かれて結果的に他の社会的格差に関する現状維持をもたらしてしまう、という危うさを常に抱えている。

また、こうした分析から提案される効果的な受動喫煙防止の方法は、「自主的・部分的な対策」ではなく、「強制的・包括的な対策」だとされている。これを突き詰めていけば、受動喫煙防止をより効果的に実現するためには、喫煙者の自主性をある程度信頼した改正健康増進法に基づく喫煙規制よりも、軽犯罪法に基づく喫煙規制を採用すべきだ、ということにもなりうる。つまり、喫煙者が、「街路又は公園その他公衆の集合する場所で、たんつばを吐き、又は大小便をし、若しくはこれをさせた者」（軽犯罪法第一条　二十六）と同様の扱いを受ける方が、喫煙の社会的格差を縮小させることにつながって望ましい、ということになってしまう。

ここで推進されているのは禁煙の強制であり、そこでは、喫煙者を自律的な道徳的存在者として認める視点は皆無である。そこには、厚みをもった人物としての喫煙者はもはや存在しない。政策的に事態を改善していくための方途として、社会モデルに基づくアプローチの有効性は疑うべくもないが、一人の人間の人生に関わる営為の一つとして喫煙を捉えようとするならば、このアプローチとは別の何かが必要になる。

■第三のアプローチ

治療モデルと社会モデルのアプローチがともに欠いているのは、喫煙者の自律という観点である。巷に無数の喫煙者が溢れ、街中が紫煙で霞んでいた時代には問題にならなかった喫煙者の自律は、喫煙規制が世界的な潮流となり、治療モデルと社会モデルのアプローチが相応に浸透した現在に至って初めて、その倫理的重要性をもち始めることになったのだ。

そこで、喫煙者の自律に注目したタバコ問題への第三のアプローチを「尊厳モデルに基づくアプローチ」と名付けてここに提起したい。このアプローチの内実は、喫煙擁護派の言説のなかから汲みあげることができる。

リチャード・クライン『煙草は崇高である』(Klein 1993) の訳者の一人である英文学者の太田晋は、次のように喝破する。

> 重要なのは、それ(=アーキテクチャ的喫煙規制)が喫煙ばかりか禁煙をも不可能にしてしまうという点だ。われわれは禁煙の権利を、いや禁煙の自由を求めてよい。絶対的に喫煙者であることは、すなわち禁煙の自由を保持していることである。「アーキテクチャ」的規制は、それらを一挙に抹消してしまうという点において、結果的にエリオット的劫火と変わりがない。言葉なき不寛容、言葉なき力の行使に対しては、したがって今のところこう言っておくことにしよう。火によって火を贖うなかれ。
> (太田　二〇〇三、一〇二頁。補足は奥田)

ここから尊厳モデルの核となる概念として、喫煙者の「禁煙の自由」、すなわち、喫煙者が喫煙をしない自由を拾い上げてみよう。

〔奥田太郎〕

■禁煙の愉しみと喫煙者の関わり

数あるタバコ問題論争のなかで目にする言説のほとんどすべてが、喫煙者の**喫煙する**自由をめぐって展開してきたものである。他方、禁煙の自由について真面目に語られたことは少ない。しかし、喫煙者の実際の経験のなかにそれは確かに存在するのだ。エッセイストの山村修は、禁煙を愉しむことの奥深さについて次のように活写している。

> 禁煙はマラソンではない。禁煙とは、最後の一本を灰皿にねじり消した瞬間から、どこかは分からない、ここことは別のところへ移ることである。禁煙は越境である。これまで知らなかった場所で、知らなかった日々をはじめることだ。ある地点にたどりつくまでは耐え抜くといったレースなどではない。（山村　二〇〇〇、一八二頁）

> いや何よりもまず、**自分が喫煙者であったことを**祝おう。**喫煙者でなければ、禁煙という事件を味わうことはできなかった**のだ。ほんとうにとんでもない事件だった。（山村　二〇〇〇、一八五頁。強調は奥田）

よく「もしも生まれ変わったら――」という質問がある。「もしも生まれ変わったら、煙草を吸いますか」。そう問われたならば、反喫煙をとなえる彼らはきっぱり「吸わない」と答えるだろう。／私はどうか。分からない。迷う。優柔不断なのである。しかし質問が「もしも生まれ変わって、また煙草を吸う暮らしをつづけたら、禁煙しますか」というものであったなら、私は即座に答えるだろう、「禁煙する」と。／なぜなら、禁煙は味わうに足る人生の快楽であるからだ。（山村　二〇〇〇、一八六頁）

禁煙者は、喫煙者も非喫煙者も知らないことを知っている。ニコチンによる暮らしの収穫を知っている。恥をかくことも知っている。その恥をふくめて、ニコチンをめぐる事件のあれこれを晴ればれと祝う心地も知っている。（山村　二〇〇〇、一八七頁）

アルコールや薬物に嗜癖する人びとが、それを断つ経験に対して、自らを病者とみなすでもなく、これほど晴れ晴れとした体験談を残していることがあるだろうか。少なくとも、喫煙者のなかには少数であれ、禁煙の自由を享受しそれを楽しむ者たちがいる。

■喫煙者を脱喫煙者化しない

一人の人間として人生を送ってきた、厚みをもった人物としての喫煙者という観点から喫煙規制を考えるうえで、禁煙の自由は重要な意味をもつだろう。なぜなら、禁煙の自由を求める喫煙者は、喫煙規制が主流となった状況にあってなお、喫煙者として自律的に禁煙の自由を行使する道徳的存在者たりうるからである。

喫煙行為を治療対象として回復を求める治療モデルも、また、社会的課題として対策を講じる社会モデルも、喫煙規制の文脈のなかで喫煙者を脱喫煙者化する（病者あるいは介入対象群の匿名の成員としてのみ扱う）ことで、事態を変化させようとする。これに対して、喫煙者当人の禁煙の自由を中心に置く尊厳モデルでは、喫煙規制の文脈のなかで喫煙者を脱喫煙者化することなく（その自覚を促すことで）、事態を変化させようとするのである。

■禁煙の自由が示す倫理学的機微

注意しなければならないのは、この第三のアプローチは、喫煙規制について前節で述べたような倫理的正当性が疑いのないものとなった状況において初めて有効になるということである。尊厳モデルが要請する禁煙の自由とは、喫煙者が喫煙をしてもしなくてもよいという意味での自由ではなく、たとえば、本稿前半で取り上げたような受動喫煙規制が行われた際に、〈それによって制約されているのは喫煙者の喫煙の自由ではなく喫煙者が自ら禁煙する自由だ〉という形で初めて意識されるような自由に他ならない。この場合、受動喫煙規制に対して喫煙者が異議申し立てできるのは、受動喫煙が問題となるその場で自発的に禁煙をする自由を奪われたことに対してであって、自分自身が自由に喫煙できなくなることに対してではない。

この観点から喫煙規制を眺めれば、もはや、喫煙する自由vs.きれいな空気を吸う自由という構図ではなく、喫煙しない自由vs.受動喫煙しない自由という「禁煙」の自由をめぐる高度な倫理学的問題（煙が立たない場での煙をめぐる闘争、すなわち、「喫煙しない自由からの闘争」という問題）としてこれを捉え直すことになる。こうした問題を捉える枠組みの変更によって、今後の規制の動きについて批判的な視座を保つことが可能となるだろう。

今後、喫煙規制が喫煙者の自律と両立する形で進められるのか、それとも、喫煙の一律禁止（そこから派生するであろう喫煙者の根絶）を最終目的とした形で進められるのか。この微細な、しかし軽んじてはいけない争点を見極めるためには、第三の道である尊厳モデルのアプローチを考慮に入れておく必要がある。喫煙規制強化の奔流に対して舵をとることのできる争点が倫理学にあるとすれば、その一つは、このように、喫煙規制における禁煙の自由の可能性を粘り強く検討し続けることなのである。

〔奥田太郎〕

〈参考文献〉

岡本勝　二〇一六、『アメリカにおけるタバコ戦争の軌跡：文化と健康をめぐる論争』ミネルヴァ書房。
奥田太郎　二〇一九、「喫煙規制強化に関する倫理学的考察：禁煙の自由を擁護する」『法と哲学』第五号、一―二四頁。
喫煙の健康影響に関する検討会編　二〇一六、「喫煙と健康：喫煙の健康影響に関する検討会報告書」厚生労働省。
小西真理子　二〇一七、『共依存の倫理：必要とされることを渇望する人びと』晃洋書房。
佐藤憲一　二〇〇〇、「嫌煙の論理と喫煙の文化：自由主義パラダイムの陥穽」、棚瀬二〇〇〇、一九七―二二一頁。
田中謙　二〇一四、『タバコ規制をめぐる法と政策』日本評論社。
棚瀬孝雄編著　二〇〇〇、『たばこ訴訟の法社会学：現代の法と裁判の解読に向けて』世界思想社。

ミック・S　二〇一八、『アルコール依存症に負けずに生きる』ナカニシヤ出版。

宮田久嗣　二〇一八、「ニコチン依存：現状と治療法の進展」『精神医学』六〇巻二号、一五三―一六〇頁。

村上陽一郎　一九九七、「自殺志願者クラブ」渡辺一九九七、一〇八―一一〇頁。

村田洋平　二〇一二、『受動喫煙の環境学：健康とタバコ社会のゆくえ』世界思想社。

山村修　二〇〇〇、『禁煙の愉しみ』新潮社ＯＨ！文庫。

山本由美子　一九九七、「タバコを吸わなかった寅さん」渡辺一九九七、五二―五三頁。

渡辺文学編著　一九九七、『煙が目にしみる：スモークフリーソサエティー（煙害のない社会をめざして』実践社。

Fritschler, A. Lee, 1989, *Smoking and Politics: Policy Making and the Federal Bureaucracy*, Prentice Hall.（二宮陸雄・今福素子訳『タバコの政治学』勁草書房、一九九五年）

Goodin, Robert E. 1989, *No Smoking: The Ethical Issues*, The University of Chicago Press.

Hilts, Philip J., 1996, *Smokescreen: The Truth Behind the Tabacco Industry Coverup*, Addison-Wesley.（小林薫訳『タバコ・ウォーズ：米タバコ帝国の栄光と崩壊』早川書房、一九九八年）

Klein, Richard, 1993, *Cigarettes Are Sublime*, Duke University Press.（太田晋・谷岡健彦訳『煙

〔奥田太郎〕

草は崇高である』太田出版、一九九六年）

Repace, James, 1985, "Risks of Passive Smoking," Mary Gibson (ed.), *To Breathe Freely: Consent, and Air*, Rowman & Allanheld, pp. 3-0.

（1）本稿は、奥田二〇一九の内容に基づき、一般読者向けに若干の加筆修正を施したものである。また、加筆修正に際しては、編者の児玉聡さんより有益なコメントを多数いただいた。

（2）特定の対象に耽溺して自己調整がままならなくなる状態をもたらす、物質・行動・人間関係などに備わる性質。専門的には、物質のもつ薬理学的な効果によって生じ、離脱症状を引き起こす「依存性」や物質の「乱用」とは区別される。「嗜癖」と「依存」をめぐる概念史は複雑で一筋縄ではいかない。

医療経済学の立場から見た喫煙と喫煙対策

後藤 励

医療経済学は、経済学の考え方をもちいて、保健・医療・介護といった健康に関わるモノやサービスについて分析する経済学の一分野である。経済学では人間行動のモデル化と、それに基づいた政策効果の予測を行い、データ分析によってモデルが確からしいものかどうかを判断するという研究方法をとる。つまり、人間行動の理論モデル化とデータによる実証分析が相互に影響しあい研究が進んでいく。医療経済学でも、意思決定の経済学の手法を健康分野で分析するという応用経済学の側面と、保健医療という公共サービスの効率的な実施方法を研究する政策科学の側面がある。喫煙は、伝統的な経済学の想定が単純にあてはまらない行動のよい例として応用経済学としての側面から、また生活習慣の中でも健康被害が大きく行動変容が求められているとして政策科学の側面から長年注目されてきた。

〔後藤　励〕

本章では、まず前半で、喫煙に代表されるアディクションに関する経済学理論を、伝統的な経済学とその修正の立場、また行動経済学の立場から解説する。後半では、それぞれの経済理論に基づいてどのような喫煙対策が行われてきたか、またその効果についてこれまでの実証研究を紹介する。

1　経済学から見たアディクション

「体によくないとわかっていても続けてしまう」というようなことは日常でも多く体験するだろう。喫煙のような生活習慣はなぜやめにくいのだろうか。通常のモノやサービス（二つをまとめて財と呼ぶ）の場合は、個人がある時点で財から得られる満足度（経済学では効用と呼ぶ）は過去の消費量と無関係だと考える。つまり、これからやめようと思った場合、続けたときとやめたときの将来に対する影響のみを比較して前向きに選択をすることになる。

一方、たばこに含まれるニコチンのような依存性があるものは、現在の効用に過去の消費量が関連する。実際依存性のある薬物は、脳内の報酬系という満足感を感じる神経ネットワークを変化させ常習性をもたらすことが脳科学の面からもわかっている（Kalivas,

2005）。過去の消費量が現在の効用に影響を与えるとしたら、喫煙や薬物などの依存性のある財は時間とともに効用が高くなっていく。このような性質を持つ財を経済学ではアディクション財と呼ぶ。

それでは、医療経済学ではアディクション財を選択する行動をどのように考えてきたのだろうか。経済学では人間行動をモデル化した理論を構築し、そこから演繹的に得られた結果がデータを用いた実証研究で支持されることで、ある社会現象への理解を深めていく。基本的に消費者主権を重視するので、人間行動に介入する場合、その結果社会厚生が改善することが理論的に明らかにされなければ政策は支持されない。喫煙を始めとするアディクションに対する経済学の見方は大きく二種類ある。一つ目は人間が超合理的というものである。二つ目は依存症にかかってしまうことを予想できずに、かかってしまってから後悔する場合である。この二つの人間への見方を中心に、経済学はアディクションのモデル化を進めてきた。

■合理的アディクションモデル

医療経済学は、患者が医療サービスを受ける段階を研究対象とするヘルスケアの経済学

(healthcare economics）と健康な人全体をも対象とする健康経済学（health economics）に大きく分けることが出来る。前者は病気を所与として分析することが中心であるが、後者では消費者自身の意思決定により病気になるならないを変えること、つまり予防の分析も重要である。

後者の健康経済学が発展したのは一九七〇年代である。当たり前ではあるが、医療サービスを求めるのはそこから直接効用を得るためではなく、健康になるためである。健康を改善させるために医療サービスを消費するという医療需要モデルは考案者の名をとってグロスマンモデル（Grossman, 1972）と呼ばれており、今でも医療需要の理論の中心となっている。

グロスマンモデルでは、健康は二つの役割を持っている。一つ目は健康な時間が長いことそのものが効用を高める役割で、健康な時間を楽しむというイメージである。これを消費財としての健康という。二つ目は健康改善が現在または将来の所得を上昇させ、それに伴う消費の増加を通じて効用水準を高めるというものである。まさに「カラダが資本」という考え方で、投資財としての健康という。したがって、健康の影響は将来にわたって長期に自分の効用水準に影響を与えることになる。将来の健康に与える影響を考慮して、現在の医療サービスの消費を決めるという考え方は、身体に長期間ゆっくりと影響を与えるような慢性疾患が中心の現在の疾病環境と合理的な消費者の仮定を融合させることで、医療経済学上大きな影響を与えた。

この想定を健康に良い影響を与える医療サービスだけではなく、悪い影響を与える財にも拡張することは当然の流れといえる。こうして、アディクションについても将来にわたる効用最大化行動を行うことを想定したモデル化が行われた。この合理的アディクションモデル（rational addiction model）の代表的なものは、Becker & Murphy（1988）である。消費者は、たばこのような依存性のある財が現在の満足を与えるが、健康を害することで将来の不効用を生み将来の所得が減少させるのも計算に入れて、消費量を決めるものと仮定される。

彼らのモデルから得られた理論的な考察は、データを用いた実証分析でも支持されたため、合理的アディクションモデルは、アディクション財の消費行動を説明する標準的な経済モデルとなった（Chaloupka, 1991）。しかしこのモデルでは、将来にわたる健康への被害を十分に知っており、財の良い面と悪い面を先までよく考えた上、消費量を決めるものと想定されている。このような消費者は自分の行動を後悔し、止めたいと思っていても止められないということのない、いわば「幸せな嗜癖者」(happy addicts) といえる (Winston, 1980)。

もちろん、喫煙者の中にも将来健康被害があることを十分承知の上喫煙を続ける場合があるだろう。しかし、たばこに「はまってしまった」消費者の多くは、「そんなはずではなかったのに」と思いながらも止められない状況に陥っている。また、たばこの健康被害は非常に長い時間の後に顕在化するので、あらかじめ将来にわたるデメリットがわかっているという、完全予見性の仮定には無理がある。また、デメリットを多かれ少なかれ分かっていて止めようと決心したとしても、止める直前になると挫折してしまうことも多く、このような消費者を説明することができない。しかし、経済学では行動モデルによる行動理論がデータによる実証分析で支持されると、あたかも行動理論自体が正しいように考えられることも少なくない。

このように批判も多いが、少なくとも合理的アディクションモデルが喫煙などの行動を説明する一つのベンチマークとなったのは事実である。経済学の中でこうした状況を変えるためには、消費者の合理性をゆるめたモデルを新たに作り出し、その方がより現状を説明できる方法だと証明する以外にはない。次に、このような消費者の弱い合理性を考慮に

〔後藤　励〕

入れたモデルをいくつか紹介しよう。

2　健康被害の不確実性と個人の楽観性の違いを考慮したモデル

みんながみんな現在の喫煙による将来の健康被害を正確に予想出来ると想定するのはさすがに無理があるだろう。ただ、両親や親戚がかかった病気などから自分の体質を考えて、病気へのなりやすさを予測している人もいるのではないだろうか。喫煙開始直後は、自分がいつごろニコチン依存症になり喫煙関連疾患になるのかははっきりとわからないものの、将来について楽観的か悲観的かは人それぞれであろう。また、楽観的か悲観的かどうかは徐々に変わっていくかもしれない。たとえば、病気にならない期間が長く続くほど、油断してさらに楽観的になってしまうこともあるだろう。

このようなアディクションに対する個人の見込みと、悪影響を引き起こす可能性が個人間で異なることを明示的に取り入れたモデルがOrphanides & Zervos（1995）である。彼らは、アディクション財から得られる効用を、短期的な満足を表す部分と、アディクションが依存症といえるほど重症となったときの不効用の部分に分けて考えた。そして、後者に関して、アディクションから依存症へいたる健康被害の顕在化の過程をモデル化した。

〔後藤　励〕

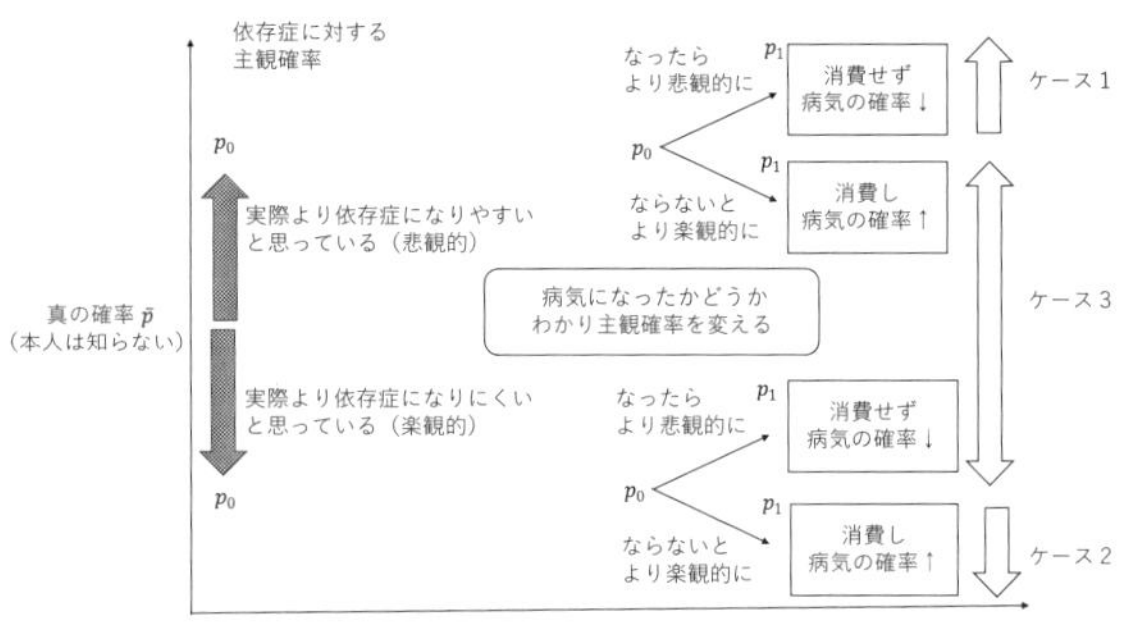

図１：不確実性を導入したアディクションモデル（Orphanides and Zervos, 1995）

図1のように、アディクション財の消費を続けていくと、依存症、健康被害の顕在化と進んでいく。たばこを吸っている人でもニコチン依存度に違いがあるように、依存症となるかどうかは個人によって大きく違う。健康被害が起こるか否かの確率についても、合理的アディクションモデルで想定されているたばこ消費の蓄積によってだけでなく、遺伝的な要素によって生来決まっている部分も考える。

ただし、消費者は自分が依存症になりやすいかどうかの真の確率 $\bar{p}$ は知らないものとする。真の確率の代わりに、消費者は最初の楽観度合いを反映して初期確率 p_0 を持っていて、毎期ごとに健康被害があったかどうかによって、主観確率を改訂していく。当然、健康被害がなかった場合は、次の期はより楽観的になり、主観確率を低く修正することになる。モデルの分析の結果、事前確率によって最適な行動は次のように異なる。

〈ケース1〉

初期確率p_0が十分に高ければ常に消費を避け続ける。つまり、十分に悲観的であると、依存症にはかからない。

〈ケース2〉

初期確率p_0が十分に低ければ、まだ依存症になる可能性の低いうちに消費を続けてしまい、その結果どんどん主観確率を低めに修正し、消費を繰り返す。その結果、依存症が成立し疾病になる確率が上昇しており、悪影響も顕在化してしまう。つまり、十分に楽観的であると、依存症にかかってしまう。

〈ケース3〉

両者の中間では、主観確率の改訂を続けていく中で依存症になるものとならないものが共存する。

最初にあまりに楽観的で低い初期確率を見積もってしまうと、消費量の蓄積が少ないうちに楽観的な見通しを修正することはできず消費を続けてしまうため、最終的に依存症となり悪影響を受けてしまう。そのとき、初期確率を低くしたことを後悔しても時すでに遅しである。例えば、若年者で喫煙を開始した場合、周囲の人や誤った情報などにつられて依存症の危険性を実際より低く考えてしまうことはよくあることであろう。このように、Orphanides and Zervos（1995）では、アディクションの初期段階での将来に関する情報がその後を左右する重要な因子であることを指摘し、主観的な見通しと現実の結果との乖離に悩む消費者をモデル化した。

3　禁煙先延ばしのモデル化

合理的アディクションモデルに対する二つ目の批判は、禁煙の決心の揺らぎを説明できないことである。禁煙しようと決心していたとしても、前もって行った決心が時期が近づくと揺らいでしまい、禁煙を先送りにしてしまうことは実際に多い。

時間が経つにつれてあらかじめ決めた最適な行動が変わってしまうことを時間非整合性という。時間非整合性がある場合、決めた行動から外れてしまうことがわかっているのであれば、後から計画を変えるという選択をとりにくくするように予防線をあらかじめ張っておくことが有効である。これをプレコミットメントという。プレコミットメントの例としては、禁煙に失敗した場合に自らペナルティを課すこと、たとえば家族や知人を前に禁煙を堂々と宣言して、挫折してしまったら恥ずかしくなるような状況を作ることなどが挙げられる。

アディクションに関して、最初に時間非整合性の問題を明示的にモデルに導入したのは、Gruber & Koszegi（2001）である。将来の意思決定をモデル化する場合、将来の効用と現在の効用を比べて現在の効用を重視すると考えるのが普通である。今一万円もらうのと一年後一万円もらうのであれば今もらった方がうれしいという人がほとんどだろう。ということは、一年後一万円もらうことの価値は、今もらう金額に直すと一万円未満の価値と等価になりいくらか割り引いて考える必要がある。その度合いを割引因子という。割引因子が0.9であれば、将来の効用を現在の価値に直すと一割割り引くことになる（こちらを割引率という）。将来の意思決定を説明するモデルでは、一定の割引因子を仮定する場合が最も一般的で合理的アディクションモデルでも一定の割引因子が仮定された。

今、現在（〇期）と将来が一、二期あるとする。n期の効用をU_nとすれば、一定の割引因子δ（$0<\delta<1$）を仮定する場合効用の現在価値の総和Uは、次の式で表される。

$$U = U_0 + \delta U_1 + \delta^2 U_2$$

さて、あらかじめ決めたことを挫折して行動を先送りしてしまうような行動を説明するためにはどのようなモデル化をすればよいだろうか？ 簡単な変更であるが、ここにもう一つ変数 β（$0<\beta<1$）を追加する。この場合、効用の現在価値の総和Uは、

$$U = U_0 + \beta\delta U_1 + \beta\delta^2 U_2$$

となる。このような割引方法を準双曲割引という（Laibson, 1997）。準双曲割引の場合、どこから見るかによって現在の将来の間の関係が変わってくる。実はこのことが先送りと関係する。また、以下では δ を0.9、β を0.8として考えよう。

今、図2のように二期目つまりかなり先で禁煙を計画していたとしよう。①で〇期目から将来を眺める場合、一期目と二期目を比較、つまり禁煙直前と禁煙時の効用はそれぞれ $\beta\delta U_1$ つまり $0.8\cdot0.9U_1$ と $\beta\delta^2 U_2$ つまり $0.8\cdot0.9\cdot0.9U_1$ であるから、将来は $\delta=0.9$ だけ割り引かれることになる。それが実際に禁煙が近づいて一期目になるとどうなるであろうか。②で一期目が現在となっているから将来を眺めた効用関数は次のようになる。

$\delta = 0.9$, $\beta = 0.8$とすると

2期目で禁煙開始

$$U = U_0 + 0.8(0.9)\,U_1 + 0.8(0.9)^2 U_2$$

①今（0期）に、禁煙直前（1期）と禁煙開始（2期）を比べると・・・

$0.8(0.9)U_1$と$0.8(0.9)^2U_2$の比較
→ U_1と0.9 U_2の比較となり割引因子は0.9

②禁煙直前となり（1期が今つまり0期に）、禁煙開始（2期が1期に）を比べると

U_0と$0.8 \cdot 0.9U$　の比較
→ U_0と0.72 U_1の比較となり割引因子は0.72
割引因子はより小さく、現在の方がより重視されることに

図２：準双曲割引の場合の禁煙の先送り

$$U = U_0 + \beta\delta U_1$$

一期目と二期目の比較はU_0と$\beta\delta U_1$つまり$0.8 \cdot 0.9 U_1$となる。つまり、将来は$\beta\delta = 0.72$だけ割り引かれ、$\delta = 0.9$よりも割引因子が小さくなる。したがって、○期目に考えていた一期目と二期目の比較に比べて、一期目から見たときの二期目の効用は低下してしまう。したがって、二期目で禁煙した場合の効用が二期目に近づいた時に考えると減少してしまうことになる。逆に言うと、将来を変えようと思っても変えるタイミングに近づくと現状維持の魅力が高まり変化を先送りすると言うことになる。

Gruber and Koszegi（2001）では、効用関数に準双曲割引を仮定しても、Becker and Murphy（1988）で得られた合理的アディクションモデルと同じ結論が導かれる

ことを示した。つまり、合理的アディクションモデルで得られる結論は、将来の影響を考慮に入れるという仮定のみに立脚し、将来に関する考え方についての割引のモデル化を変えて時間非整合性を仮定したとしても成立する。したがって、合理的アディクションモデルが実証的に支持されるからといっても、自分の決心を曲げないことを表す時間整合的な選好までもが支持されているというわけではないということになる。

4　個人内葛藤を考慮に入れたモデル

Gruber and Koszegi（2001）では、消費者が常に時間非整合性を保っていることを仮定している。しかし、実際の人間は常に決心が鈍るというわけでもなく、合理性と非合理性のはざまで動いていると考えた方がよいかもしれない。個人内に慎重な行動と衝動的な行動が共存するという個人内葛藤の考え方をモデル化したのが Bernheim & Rangel（2004）である。

このモデルで消費者は、アディクション財を消費することでの良い面・悪い面を冷静に考えることのできる冷静モード（cold mode）と、結果にかかわらずとにかく衝動的にアディクション財を消費してしまう衝動モード（hot mode）の間を行き来するものと想定されている。今までの考え方の中では、冷静モードは合理的アディクションモデルに近く、衝動モードは全く将来のことを考えない想定である。

このモデルのもうひとつの特徴は、周囲の環境が行動に与える影響をも考慮に入れたことである。衝動モードのスイッチが入ってしまう確率は、自分で意思決定できる現在や過去のアディクション財の消費量ばかりだけではなく、アディクション財の消費につながる契機（cue）によってもきまる。これは、快楽が手に入りそうだという契機があっただけでも、脳内の報酬系が条件反射的に活性化されるという神経科学的な研究結果に基づいている。禁煙している人が、他の人が喫煙しているのを見たり、たばこの自動販売機を見ることで何とも喫煙したくなるというのも納得できる話である。契機は誘惑と言いかえてもよいかもしれない。

消費者は毎期、ライフスタイルの選択が可能である。消費者は、効用は高いが契機の多い状況（Exposure：暴露）、効用は中程度で契機も中程度の状況（Avoidance：回避）、効用は最も低いが契機も少ないためアディクション財の消費をしないことが保証されている状況（Rehabilitation：リハビリ）、これら三つの環境から選択する。喫煙で考えれば、暴露状況は、喫煙可能のレストランへ行ったり、喫煙者の友人に会うことなど誘惑の多い状況が

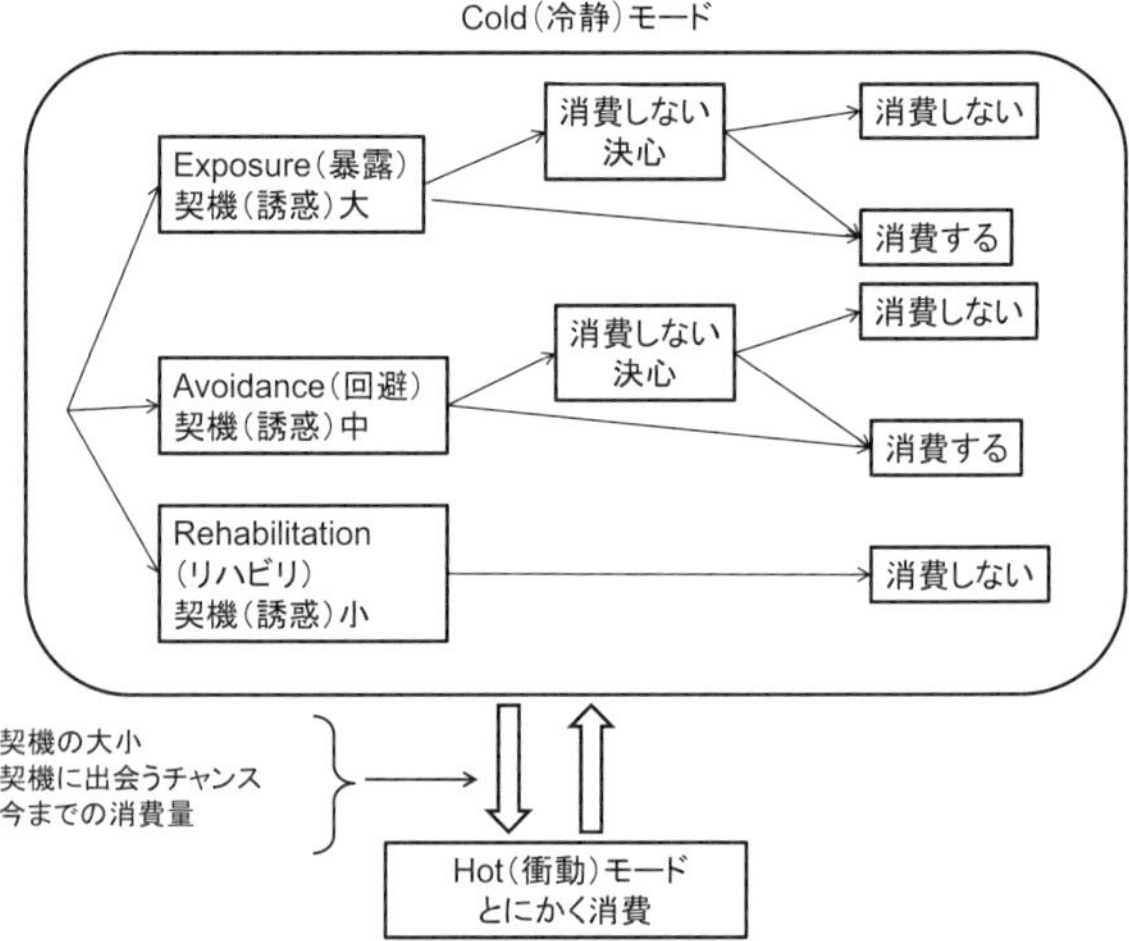

図３：個人内葛藤を考慮したアディクションモデル（Bernheim and Rangel, 2004）

考えられる。回避状況は、外出しても誘惑を避けて喫煙可能な場所に近づかないなどが考えられる。リハビリ状況は、そのときはアディクション財の消費がないことが保証されるような環境であるため、厳しく喫煙が制限されている場所にいるとか、家族や医師の協力を得て禁煙治療を受けているというような喫煙者にとってはやめるためとはいえ大変な状況である。

図３のように、消費者が冷静モードにあるときは、合理的な意思決定に基づいて、毎期、暴露・回避・リハビリの三つの状況の中から一つを選ぶ。暴露と回避の状況にあるときは、アディ

クション財を消費するかどうかは自身の判断であるが、消費しないと決めても最終的に消費せずにすむかどうかは不確実であると想定する。一方、衝動モードに入るかどうかは、それぞれの状況での契機の大きさと、契機に出会うチャンス、これまでの消費量に左右される。契機の影響がある閾値を超えると、衝動モードに陥ってしまう。

このモデルでは、通常は冷静で合理的な消費者でも、条件によっては衝動的な行動をするという結果に陥る。したがって、アディクション財への対策は、その健康被害の知識教育などのみでは不十分で、たとえば公共の場での禁煙や麻薬取締の強化などの契機を少なくするような政策や、禁煙への補助療法などのリハビリの非効用を減少させるような政策が必要だということが理論的に示された。

5　行動経済学の発展

アディクション財消費のモデルは、合理的アディクションモデルをベンチマークとしてきた。経済学が想定する合理性は、「人々は与えられた可能な選択肢の中から自分の選好に照らして最も好ましいものを選ぶ」というものである。ここで仮定されていることはおおむね次の三点である。第一に知的能力が高くどんな問題でも解ける、これを効用最大化の仮定という。第二に財の好み（選好）はランダムなブレはあってもおおむね安定的であり、感情に行動が左右されることがないということである。第三は計画したことは必ず実行するという自己抑制の仮定である。

確かに完全な合理性を仮定した合理的アディクションモデルは多くの人間とはかけ離れた想定に見える。2節から4節で紹介した合理的アディクションモデルの拡張は、それぞれの仮定を緩めることで説明できる行動パターンが増えている。病気のリスクを自分なりにどう考えるか（主観確率）を実際の出来事に応じて修正していく2節のOrphanides and Zervos（1995）のモデルや、合理的に考えることができる状態と感情的な状態の両方が共存する4節のBernheim and Rangel（2004）のモデルは、感情に左右される人間を一部モデルに取り入れているとみることもできるだろう。また、3節のGruber and Koszegi（2004）のモデルでは、自己抑制できず自分の将来の計画から外れてしまう人間を表現している。

このように、完全合理性のモデルに修正を加えていくことで、合理性と感情の間でゆらぐ実際の人間を表現することは、経済学の目的の一つであり、完全合理性にこだわっているわけではない。ただ、どのモデルも自分が感情に左右されること自体は事前にわかっており、感情に左右される場合と合理的な場合の天秤にかけて意思決定をすることが想定されている。この意味では、上記の三つの仮定のうち、論理展開能力と計算能力をもって効用最大化をするという仮定はかなり強固である。

論理展開や計算の能力が有限であることを前提に合理性が限定されていることを、限定合理性と呼ぶ。人間の限定合理性に着目した経済学の分野が行動経済学である。限定合理性については、現在でもそのすべてが経済学の理論モデルに取り入れられているわけではない。行動経済学では厳密な理論モデルの構築を先にするのではなく、人間の限定合理性を特徴付けるような事象をデータから発見し、それを逆に利用した介入をしかけることによって、行動変容を起こすという比較的実証重視の方向性が取られている。行動経済学の登場によって、経済学の喫煙対策に対する考え方が広がってきたと言える。

■情報内容によって選択が変わる（フレーミング効果）

人間の限定合理性を特徴づける代表的な事象としてフレーミング効果がある。情報伝達内容が変わっても同じ意味なら認識は変わらないというのが合理性の想定である。ところが、伝達内容によっては同じ意味でも行動が変わってしまうということが観察される。次の病気に関する例を見てみよう（Tversky & Kahneman, 1981）。

「全国で六〇〇人亡くなると予想される病気が流行しています。二つの対策が提案されていて、それぞれの効果は以下の通りです。あなたはAとBのどちらを選びますか？」

問題1
対策A：二〇〇人が助かる
対策B：三分の一の確率で六〇〇人助かるが、三分の二の確率で誰も助からない

対策Aも対策Bも助かる人の期待値は同じである。実際には多くの人がAを選んだ。つまり、回答者は確実性を好みリスク自体を回避する選好を持っているといえる。これ自体は、多くの人にも当てはまる選好ではないだろうか。リスクを回避するという選好自体は一般的で、たとえば保険に加入する理由は人々がリスク回避的な選好を持つからである。

次に問題1と意味は同じ問題2を次のような伝え方で聞いた。

問題2
対策A：四〇〇人が死ぬ
対策B：三分の一の確率で誰も死なず、三分の二の確率で六〇〇人が死ぬ

問題2に対して、問題1とは違い多くの人がリスクのあるBを選んだ。つまり、問題1とは逆にリスク愛好的な選択をしたことになる。A、B案とも同じ意味をもつが、伝え方によって全く答えが異なってしまう。このように、本来同じことを聞いているのに、不確実性下での意思決定に関しては、多くの人が期待値に基づいた一貫した合理的意思決定ができない場合がある。

■プロスペクト理論の登場

Kahneman & Tversky（1979）では、伝統的な経済学の期待効用理論に反した意思決定を説明するために、プロスペクト理論を提唱した。プロスペクト理論では、効用関数の代わりに価値関数を考える。伝統的な経済学では、所得や財の消費量の絶対的水準が効用の源泉となる。プロスペクト理論では、参照点からの相対的な変化が価値の源泉となる。

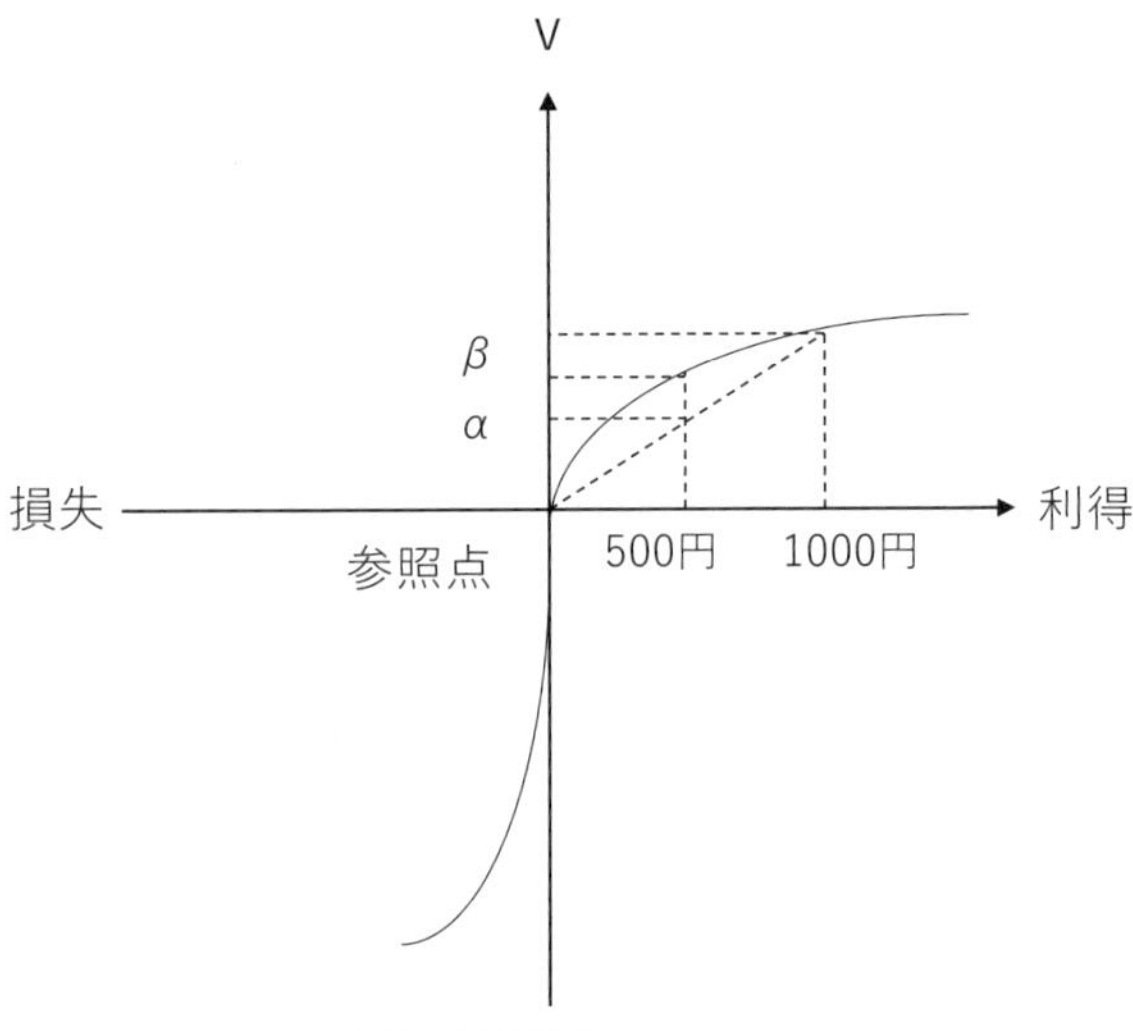

図４：プロスペクト理論の価値関数

図４にプロスペクト理論の価値関数のグラフを示す。原点が参照点である。図４では、参照点から右に動くつまり利得を得るときの価値Ｖの増加率よりも原点から左に動くつまり損失を被るときの価値Ｖの減少率の方が大きい。これは絶対値が同じ場合利得から得る満足感よりも損失回避したときの満足感の方が大きい損失回避性を表している。

もう一つの特徴は、リスク選好に関するものである。利得局面では上に凸の関数となっている。今参照点に比べて、二分の一の確率で一〇〇〇円もらえるが、二分の一の確率で何ももらえないという場合を考えよう。このくじの期待利得は五〇〇円となる。期待利得五〇〇円を確実にもらえる場合の価値はβとなる。一方、くじにチャレンジする場合の期待価値は利得一〇〇〇円の価値と参照点の価値の中点であるαとなる。βはαより価値が高いので、上の凸の価値関数は確実な利得を好みリスクを回避する選好を表現していると考えられる。逆に損失局面を考えると、損失を回避する時の価値関数は下に凸の形状を持つ。こちらは逆に確実な損失回避よりもリスクを好む選好を表している。つまり、利得局面と損失局面で人間がリスクに対する態度を変えてしまうことを表現している。

先ほどの病気の例をプロスペクト理論で考えるとどのようになるだろうか。問題1では、六〇〇人亡くなるという状況が参照点となっており、そこから何人を救うかが利得として理解されるためリスク回避的で確実な対策Aが選ばれることになる。一方問題2では、死ぬことに重点が置かれたことで誰も死なない全員救われた状態が参照点となる。その場合は、死者が増えることが損失として評価されるため、リスクを好み対策Bが選ばれることになる。このように、プロスペクト理論を用いることで、不確実な状況下におけるフレーム効果についても説明が可能となる。

プロスペクト理論のもう一つの特徴は、客観的確率と価値関数を評価する際に用いる確

〔後藤　励〕

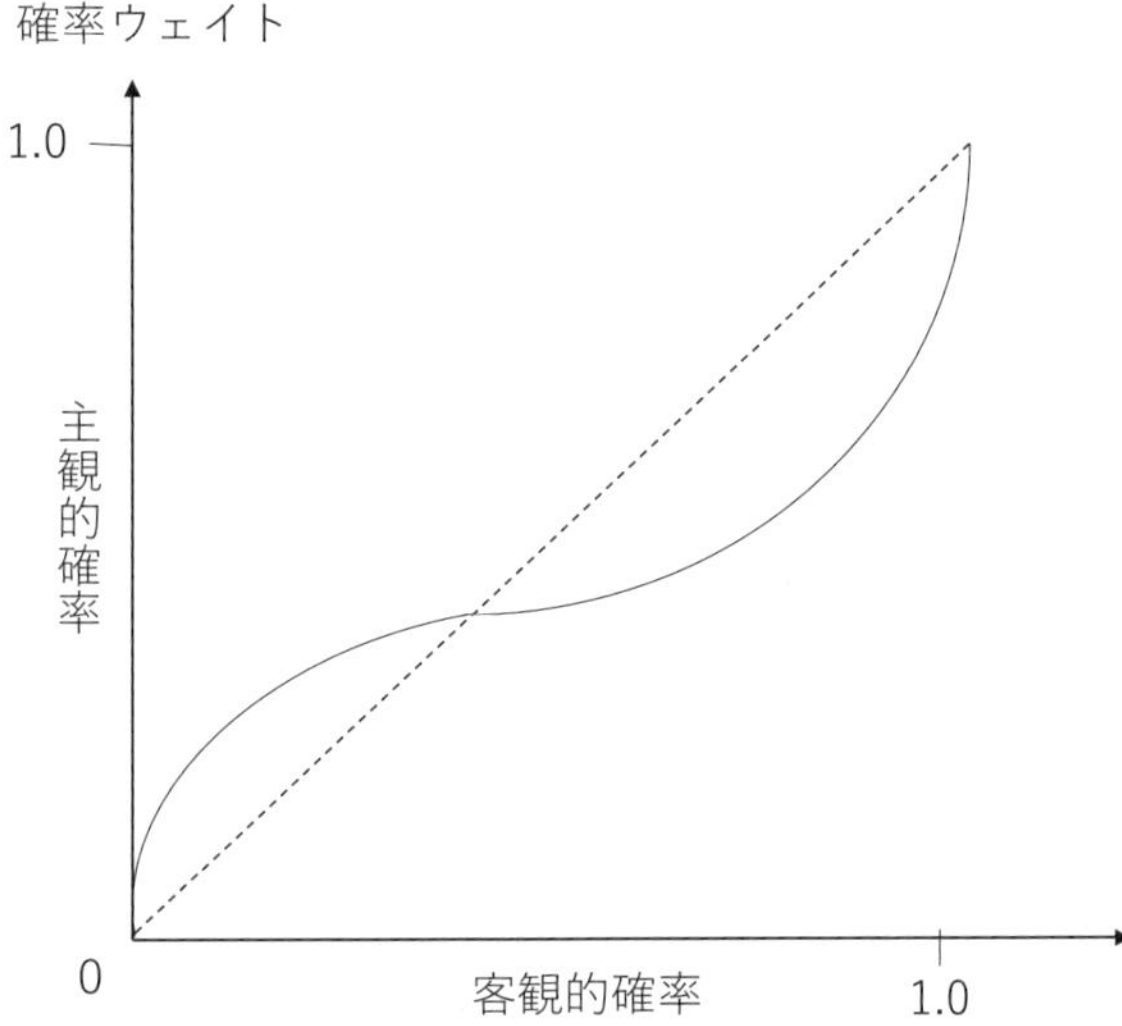

図５：プロスペクト理論の確率ウェイト関数

率ウェイトを区別していることである。これは、客観的確率と主観的確率が乖離するという観察から取り入れられた。図5の確率ウェイトでは、主観的確率が○・四程度の時には一致する。また、客観的確率が○や一のときには、やはり確率ウェイトと一致している。つまり、確実なときには価値と確率の乖離はおきない確実性効果を示している。一方、客観的確率が低いときは価値に換算する際確率を過大評価し、客観的確率が高いときにはその価値を低く評価することになる。もちろん、リスクの内容によって確率ウェイト関数の形状は異なることが予想されるが、確率ウェイトを区別することで、喫煙者がニコチン依存にならず喫煙関連疾患にもならないという確率を楽観的に高く評価するということも説明可能となる。

プロスペクト理論は、不確実な状況での人間の非合理性を説明する行動経済学に特徴的な理論と言える。一方、現在の利得を重視し将来の疾病のことを考慮しないことについては、行動経済学の分野で現在バイアスと呼ばれることがある。たしかに、現状の習慣を変えられないことは、喫煙の利得を失うという損失回避傾向があると理解することもできる。一方で、割引因子が他人より小さいことで現状の利得を過度に重視するというように個人の将来に対する選好の違いとして従来の経済学の文脈で分析可能な部分もある。

このように、行動経済学で注目されている人間行動の特徴に関しても、行動経済学独自の理論でしか説明できない場合と、限定合理性について上で紹介したような完全合理性の仮定を緩めた経済学の修正で対処可能な場合がある。

6　アディクションの経済理論と喫煙対策

本節では、これまで説明したアディクションに関する様々な経済理論と喫煙対策との関連について概説する。

〔後藤　励〕

■合理的アディクションモデルに基づく喫煙対策

喫煙について将来の健康被害を考慮して合理的に続けているのであれば、予想よりも人々が禁煙しない場合でも、消費者が健康被害に関する情報、禁煙をするための方法や効果に関する情報を十分持っていないためだと解釈される。政策的な対応としては健康影響に対するエビデンスや禁煙方法について情報を与えれば十分ということになる。

喫煙が個人の合理的で自由な選択の結果であれば、わざわざ過度の介入するのは野暮ということになる。野暮というとスタイルの問題のように思えるが、経済学では合理的な選択に介入すればそれは何らかムダが生じ非効率だと考える。二〇一九年に消費税増税があったが、経済学では税に関しても消費者の自由な消費活動を変えないような税が効率的だとされる。したがって経済学者の中では、消費税の軽減税率のような政策によって消費の内容が変わってしまいそうな施策はあまり好まれない。似たような財（たとえば持ち帰りのコーヒーと店内で飲むコーヒー）の価格が税率で変わるというのならより安い方を選ぶか高い税率を逃れるための抜け道を探すというのは合理的である。

一方、たばこは喫煙者にとっては他に代替する財も少なく、一般の消費財と比べると価格が変化したときの消費の変化が小さいと言われている。したがって、増税しても消費行動の変化が少ないので効率的な課税と言うことになる。この観点からは、増税によりたばこの価格が上がっても禁煙や節煙をしない方が結果的に消費者の自由な意思決定をゆがめずに社会的に望ましいということになる。

伝統的な経済学で税などの消費への介入が正当化されるのは、自由な市場取引がうまくいかない「市場の失敗」の時に限られる。その一つが外部性である。受動喫煙の健康被害は喫煙者本人がそれを負担するわけではない。つまり、喫煙者の行動が非喫煙性に悪影響(負の外部性という)を与えるもののその負担は消費者でない人が被っている。

我がことと思ってやめてくれと言ってもやめてくれないのなら、他人のために禁煙をうながすためにたばこ価格を上げた方が、他者への悪影響が軽減されるので社会的には望ましい。しかしここでも、喫煙者本人の健康改善のために価格を上げるという発想はない。消費そのものに税をかけて、負の外部性を防止する税のことを提唱者の名前をとって「ピグー税」と呼ぶ。市場機能に信頼を寄せる経済学の立場からも、ピグー税は負の外部性を補正する手段として正当化される。

このように、合理的アディクションモデルに基づいた喫煙対策は、健康被害や禁煙方法に対する十分な情報提供と、受動喫煙の被害を防止する程度の税くらいということになる。

〔後藤　励〕

■他者への迷惑「外部性」に加え将来の自分への迷惑「内部性」も考慮する

合理的アディクションモデルを修正した経済モデルの多くは、上記のように将来のことを考慮することは共通しているが、禁煙の先延ばしや、病気になって初めて後悔するといった人間の特徴をモデル化した。つまり、たばこを吸う現在の自分と禁煙を先延ばし病気になった将来の自分は、別の人格であるとして取り扱っていることになる。現在喫煙している自分は将来の自分に対して健康被害を与えているわけで、同じ人の中で外部性があると言える。これを「内部性」と呼び、他人への外部性と将来の自分への外部性（＝内部性）の両方分課税するのが望ましいという結果を導いた（Gruber & Koszegi, 2004）。つまり、禁煙を先延ばしにしたり、病気になって後悔することがわかっているのであれば、最初から自分の将来の行動を抑制するために、たばこ価格を上げておいてくれれば早めに禁煙を始める可能性も高くなるし、そもそも喫煙を始めることもなかったということになる。

このモデルでは将来のことを考慮するという前提は保持した上で、たばこ価格をあげることを、健康に望ましい行動から外れることに対する自制メカニズムの一つとして喫煙者自身が選択すると考える。このような方策は禁煙による将来の健康改善の意味を実感させると言うよりは、悪い生活習慣を思わず選ばないように「転ばぬ先の杖」を用意しているといえる。

■インセンティブ付与：期待したほど効果はない？

健康に悪い生活習慣を行っている人は将来のことよりも現在のことを重視するという特徴を、現在バイアスという。現在バイアスを逆に利用して予防行動を起こそうというのが、インセンティブ付与である。インセンティブ自体は経済学でもよく使われるため、インセンティブ付与による行動変容自体は経済学の立場からは目新しいものではない。Volpp et al.（2009）では、アメリカでの雇用者の禁煙プログラムで、六ヶ月間の禁煙成功に対し七五〇ドルの成功報酬を与えるプログラムの効果をランダム化比較研究（インセンティブを与える群と与えない群をランダムに割り当て比較した方法で、インセンティブの禁煙へ

〔後藤　励〕

の影響を検証する妥当性の高い研究方法）で検証した。インセンティブ群の六ヶ月後の禁煙成功率は二一％と対象群の一二％に比較して有意に高かった。この結果、インセンティブ付与は生活習慣を変えられない人の行動経済学的な特徴をうまくつかんだ対策であったこともあり、効果の大きさだけではなく報酬の多寡や報酬の渡し方（一括か分割か）、報酬の種類（現金、クーポン、無料化など）も含め幅広い実証研究が行われた。

禁煙以外も含めたインセンティブ付与の三三のランダム化比較研究を検討したMantzari et al（2015）によると、インセンティブの効果は、長くて一八ヶ月程度続くが徐々に減少すること、インセンティブ付与をやめた後三ヶ月までは効果が続く場合もあるがそれ以降はなくなる、つまり行動変容が習慣として定着しないことが多いことが示された。また、インセンティブの効果は、禁煙が最も大きく、食生活や運動では小さいこともわかった。

インセンティブは、現在バイアスにとらわれている人が想定よりも多いという行動経済学上の実証結果を利用した対策である。しかし、インセンティブ付与単体では行動変容に対して期待より効果が小さかった。その原因として、金銭的なインセンティブのような外的動機が、行動変容への意欲、達成感、充実感のような内的動機を阻害することが指摘されている（Gneezy, Meier, & Rey-Biel, 2011）。つまり、インセンティブはそれ自体が内的動機を失わせるようなメッセージを受け手に伝えている可能性がある。たとえば、「禁煙するのはなかなか難しいことだ」や「自分のためとか家族のためと言ってもやめてくれないのではないか」というように、受け手を信頼していないという情報を与えてしまうことで、やる気を失わせてしまうと言うわけである。

また、行動変容にインセンティブを与えることに対する一般の人々の許容度は国によっても違う。英国と米国で肥満や喫煙に対する医学的介入とインセンティブへの許容度を比較したところ、両国とも治療薬や医師の指導などの医学的介入の方がインセンティブ付与支持が高かったが、英国ではその差がより大きかった（Promberger, Brown, Ashcroft, & Marteau, 2011）。人々に支持されない介入を受けていること自体が、上で述べた内的動機を損なう可能性もあり、介入に対する社会的な支持があることもインセンティブの効果を高める重要な条件である。

■ナッジ：少し変えるだけで効果が？

インセンティブのように「にんじんをぶら下げ」ることはせず、かといって消費者の選択肢を狭めることなく、行動変容を促すことはできないのであろうか？　行動変容を促すように選択肢の構造を工夫することを「ナッジ」という。日本で行われた医療政策の中にもナッジの例はある。それまで後発医薬品（ジェネリック）に変更可の場合にチェックを入れる形式となっていた処方箋の様式を、二〇〇八年からは変更不可の場合にチェックを入れる形式となった。後発品を選ぶか否かの選択自体を強制しているのではなく、デフォルトを変えることで後発医薬品処方を促している。

予防の例でいえば、デフォルトを変える以外にもスーパーやカフェテリアで野菜など健康的な食事を手に取りやすい位置に置くといったことがナッジの例である。また、選択肢は変えないものの、健康によい影響を与えるような情報を選んで提供することも「情報ナッジ」と呼ばれている。情報ナッジの見せ方として、健康によくない生活習慣を持つ人の行動経済学的な特徴を利用するものもある。将来よりも現在を重視し、利得よりも損失が増えることを回避する傾向にあるため、将来の得があることを伝えるよりは、今得られるはずのものが得られなくなってしまうことを強調するメッセージの方が、行動変容には効果的であることがわかってきている。禁煙についても、インセンティブだけではなく、損失回避などそのほかの行動経済学的な人間の性質を利用した介入も試されている

(Halpern et al., 2015)。

ナッジは、古い医師患者関係のように健康に良い生活習慣を上から強制するパターナリズム(温情主義)とも違い、完全に自由に任せるリバタリアニズム(自由意思主義)とも違う。ちょうど両者の真ん中のナッジを用いる政策的な考え方はリバタリアンパターナリズムと呼ばれ、インセンティブや税に比べると費用もかからず行動変容を引き起こすことができるとされ注目されてきた。特にイギリスでは、二〇一〇年に内閣府の中にナッジユニットができ、政策として様々なナッジが試された。しかし、その後効果が検証されるにつれ、多くの場合効果があっても、やはり一時的で生活習慣を完全に変えるところまでは行かないことも多いことが明らかになっている(Oliver, 2013)。

とはいえ、費用がかからない介入であることは確かなので、日本でも効果が高いナッジを開発するための実証研究を行い、試行錯誤を続けていくことが重要である。

自制と規制のバランス

生活習慣改善の決心が鈍るのであれば、事前に自分で転ばぬ先の杖を積極的に用意することも出来る。生活習慣を改善しなかった場合損をするようなルールを事前に作っておくことをプレコミットメントという。しかし、自発的にプレコミットメントを作れるような人は少ない。ある禁煙プログラムでは始める前にお金を差し出しておき、もし禁煙に失敗したらお金が没収されるようなプレコミットメントを設定できることにした。これは、禁煙する計画を他人に明かして挫折したら恥ずかしくなる、といったプレコミットメントに比べるとかなり露骨なものである。しかし、このようなプレコミットメントを自発的に行う人は一〇％程度であったという研究がある（Gine, Karlan, & Zinman, 2010）。自分の意志の弱さを理解し対処法を進んで事前に考える人は少ない。かといって、プレコミットメントを強制してしまったのでは、温情主義と変わらないし、先ほどのインセンティブと同様自分でやめようという内的動機を阻害してしまうかもしれない。

生活習慣を自制しにくいもう一つの理由としては、民間企業のマーケティングでも行動経済学的な人間のクセを利用して様々な仕掛けをしている点にあるかもしれない。行動変容を促すための政策として、消費者に対してナッジなどの工夫をするのも大事であるがそれでは甘く、生活習慣病のような社会的な問題を解決するためには、企業側に対しても消費者の選択を惑わすようなことをした場合にそれをやめさせるような規制をかけるべきだという議論もある（Bhargava & Loewenstein, 2015）。

〔後藤　励〕

たばこ製品に関しては、通常のたばこ製品については厳しい広告規制が一般的であり、ほかの生活習慣に比べると企業側が積極的に消費者にマーケティングを行うことはできない。しかし、最近の電子たばこについてはまだ広告規制がそれほど厳しくない。電子たばこの普及時、通常のたばこ製品に比べれば電子たばこの健康被害は少ないがニコチンは含有しているため、特に若年層について電子たばこ消費が通常のたばこ製品消費につながる入り口になるため広告規制を強めるべきではないかという議論がアメリカではあった(Quelch & Rodoriguez, 2014)。このように、企業のマーケティングと公衆衛生面からの規制のトレードオフは新しい技術が生まれるたびにケースバイケースで議論する必要がある。

ナッジは温情主義と自由意志主義の真ん中にあると述べたが、インセンティブ付与の制度化や強制的にプレコミットメントを設定させることは温情主義に近いといえる。企業の広告やマーケティングへの規制も温情主義に近い。温情主義と自由意志主義の綱引きは、ナッジの出現によりむしろ活発になっているといえるともいえるだろう。

予防行動を促すための対策をどのように行うかは、行動変容を実際に促すのかという実証研究の結果も重要だが、そもそもある対策を行うべきかどうかを議論する規範的な検討も必要となる。イギリスで診療ガイドライン構築や医療の費用対効果の分析を行っているNICE（National Institute for Health and Care Excellence）では毎年、様々な年齢層や社会階層からなるCitizens Council（市民協議会）を開き規範的な議論を行っている。二〇一〇年は、生活習慣改善にインセンティブを与えるべきかいなかがテーマとなった（NICE Citizens Council meeting, 2010）。行動変容に対してエビデンスがあるかどうかを重視すると言った意見の他に、悪い生活習慣をしている人に利益を供与することへの忌避感があるかどうか、生活習慣改善を自力で行った人に対してフェアかどうかについても議論が行われた。日本でも公的な対策として行動経済学的な対策を行う場合には、個人の自由をどの程度尊重するべきか、また企業行動をどの程度規制するべきかといった議論をあらかじめ行うことが重要であろう。

〔後藤　励〕

■個々人の行動のクセに応じた行動変容デザイン

喫煙行動を説明するために経済学では合理的アディクションモデルを出発点として、人間の合理性の仮定をゆるめることで、決心の鈍りや後悔など普通の喫煙者が経験する行動をも説明しようと研究がされてきた。しかし、インセンティブやプレコミットメント、増税のいずれの対策についても将来のことを前もって考え、予定した行動から外れるとしてもあらかじめ予防線を張っておくという、行動のスマートさを仮定していることには変わらない。一方行動経済学では、合理的な意思決定ができない個人の特性を逆に利用し、外生的に介入を行っていく。ただし、よい選択を強制することは行わず、ナッジなどの工夫によって望ましい行動を知らず知らずのうちに取るように仕向けていく。これらの方策は、集団に対して一定の効果はあるが、効果が一時的だったり、対象となる行動によって効果が違うこともわかってきている。

将来を重視する、損失を嫌う、一旦決心したことがいざとなると鈍る、こういった人間の特徴は人によっても異なるだろうし、同一個人の中でも微妙に変化することがあるだろう。集団に対しても、一つ一つの特徴だけに対応した介入を続けても、効果が段々減ってしまい、その特徴が顕著でない人には効かないかもしれない。したがって、複数の特徴を広くカバーするように、インセンティブやナッジなどを組み合わせた介入が必要となるだろう。

一方、個人個人の違いに対応するためには、介入の効果を阻む要素、たとえば内的動機が阻害されていることなどをいち早く観察し、内的動機を保持するような対策を個人に応じて行う必要がある。すぐに介入の個別化を行うのは難しいだろうが、行動のクセに応じて集団をいくつか分類し、サブターゲットごとに異なる介入を用意することが重要となる。さらに、継続的に個人のこころの変化を観察するような体制が不可欠である。こうしたこころの変化は、消費活動をつぶさに追っていけば行動変容の決心が鈍った状態を予想できるようになるかもしれない。きめ細かなデータ分析と個人に対するフォローアップを適切に行うことは、いわゆるビッグデータ時代には当たり前になるはずである。くわえて、介入方法は医学的な方法だけではなく、行動経済学や心理学に基づいたものも含め、分野横断的にデザインすることが不可欠となるだろう。

〔後藤　励〕

〈参考文献〉

Becker, G., & Murphy, D. A.（1988）. A theory of rational addiction. *Journal of Political Economy*, 96, 675–700.

Bernheim, B., & Rangel, A.（2004）. Addiction and Cue-Triggered Decision Processes. *American Economic Review*, 94（5）, 1558–1590.

Bhargava, S., & Loewenstein, G.（2015）. Behavioral economics and public policy 102：Beyond nudging. *American Economic Review,* 105 (5), 396–401.

Chaloupka, F. (1991). Rational addiction behavior and cigarette smoking *Journal of Political Economy,* 99 (4), 722–742.

Gine, X., Karlan, D., & Zinman, J. (2010). Put Your Money Where Your Butt Is: A Commitment Contract for Smoking Cessation. *American Economic Journal: Applied Economics,* 2 (4), 213–235.

Gneezy, U., Meier, S., & Rey-Biel, P. (2011). When and Why Incentives (Don't) Work to Modify Behavior. *The Journal of Economic Perspectives,* 25 (4), 191–209.

Grossman, M. (1972). On the concept of health capital and the demand for health. *Journal of Political Economy,* 80 (2), 223–255.

Gruber, J., & Koszegi, B. (2001). Is Addiction "Raional" Theory and Evidence. *Quarterly Journal of Economics,,* 116 (4), 1261–1303.

Gruber, J., & Koszegi, B. (2004). Tax incidence when individuals are time-inconsistent: the case of cigarette excise taxes. *Journal of Public Economics,* 88 (9–10), 1959–1987.

Halpern, S. D., French, B., Small, D. S., Saulsgiver, K., Harhay, M. O., Audrain-McGovern, J., ...

Volpp, K. G. (2015). Randomized Trial of Four Financial-Incentive Programs for Smoking Cessation. *New England Journal of Medicine,* 372 (22), 2108–2117.

Kahneman, D., & Tversky, A. (1979). Prospect Theory. *Econometrica,* 47, 263–291.

Kalivas, P. W. (2005). How do we determine which drug-induced neuroplastic changes are important? *Nat Neurosci,* 8 (11), 1440–1441.

Laibson, D. (1997). Golden eggs and hyperbolic discounting. *Quarterly Journal of Economics,,* 112, 443–477.

Mantzari, E., Vogt, F., Shemilt, I., Wei, Y., Higgins, J. P., & Marteau, T. M. (2015). Personal financial incentives for changing habitual health-related behaviors : A systematic review and meta-analysis. *Preventive medicine,* 75, 75–85.

NICE Citizens Council meeting. (2010). The use of incentives to improve health. https://www.nice.org.uk/Media/Default/Get-involved/Citizens-Council/Reports/CCReport14Incentives.pdf

Oliver, A. (2013). Should Behavioural Economic Policy be Anti-Regulatory? *Health Economics,* 22 (4), 373–375.

Orphanides, A., & Zervos, D. (1995). Rational Addiction with Learning and Regret. *Journal of*

〔後藤　励〕

Political Economy, 103（4）, 739–758.

Promberger, M., Brown, R. C., Ashcroft, R. E., & Marteau, T. M.（2011）. Acceptability of financial incentives to improve health outcomes in UK and US samples. *Journal of medical ethics,* 37（11）, 682–687.

Quelch, j. A., & Rodoriguez, M. L.（2014）. E-Cigarettes：Marketing Versus Public Health（電子たばこ：マーケティング *vs* 公衆衛生）. HBS Care #514–059.

Tversky, A., & Kahneman, D.（1981）. The framing of decisions and the psychology of choice. *Science,* 211（4481）, 453–458.

Volpp, K. G., Troxel, A. B., Pauly, M. V., Glick, H. A., Puig, A., Asch, D. A., . . . Audrain-McGovern, J.（2009）. A randomized, controlled trial of financial incentives for smoking cessation. *N Engl J Med,* 360（7）, 699–709.

Winston, G. C.（1980）. A theory of compulsive consumption. *Journal of Economic Behavior and Organization,* 1, 295–324.

ある喫煙者の反省文

亀本　洋

1　喫煙の自由から病気へ

嫌煙権[1]という言葉がなつかしい。弁護士の伊佐山芳郎によれば、それは「非喫煙者の健康といのちを守るために、公共の場所や共有の生活空間での喫煙規制を訴える権利主張である。いいかえれば、喫煙者がたばこを吸うのは自由だが、非喫煙者を喫煙者の〝ゆるやかな自殺〟の巻き添えにするなという主張である」（伊佐山　一九八三、二頁）。

今や喫煙は病気である（日本禁煙学会編　二〇一四、一五一頁）。たとえば医師の藤原久義は、「〝喫煙は病気、喫煙者は患者〟で、喫煙は健康問題である。しかるに趣味嗜好・マナーの問題とする考え方が根強くある。その中核にあるのはタバコ問題に対する国家政策の分裂である。……禁煙を推進し、国民の健康を守るためには、たばこ事業法などのタバコ保護法を廃止し、タバコの安全性や広告などの所轄官庁を財務省から厚労省に移すべきである」（藤原　二〇一八、八三九―八四〇頁）と明言する（引用文章中における「……」は、亀本による省略を表す。以下同様）。

2　嫌煙権訴訟

(1)　禁煙車両設置請求

伊佐山弁護士は、国鉄を利用し、その列車内でたばこの煙の被害を受けてきた一四名が日本国有鉄道、日本専売公社（一九八五年から日本たばこ産業株式会社に引き継がれた）、国の三者を被告として提起した訴訟の弁護団長として、嫌煙権運動の一翼を担った。裁判における主要な請求は、国鉄が管理する鉄道について「各列車の客車のうち半数以上を禁煙車」とすることであり、あわせて、被告三者に対し、損害賠償も請求された。一九八〇年四月七日に提起されたこの訴訟の判決は、一九八七年三月二七日に下され（東京地判昭六二・三・二七判時一二二六号三三頁、判タ六三〇号二三四頁）、いずれの請求も棄却され、確定した（伊佐山　一九八三、一〇三―一二二頁、同一九九九、八四―八五頁、伊佐山ほか　一九八四、大沢　一九九四、眞鍋　二〇〇〇、太田　二〇〇九）。

(2) 人格権侵害に基づく差止請求

不法行為法（民法七〇九条以下）[2]または（公務員による不法行為の場合は）国家賠償法は、すでに発生した損害の賠償については規定しているが、損害を発生後に停止させ、または発生前に防止するための差止請求については、これを認めていない。そのため判例によって受け容れられてきたのが、人格権[3]に基づく差止請求というものである。上記の禁煙車両設置請求も、差止請求——不作為だけでなく、本件のように作為も求めることができる——の一例である。だが、それが認められるための要件は、きわめて厳しい。

これについて裁判所は、「一般に、人の生命及び身体についての利益は、人格権としての保護を受け、これが違法に侵害された場合には、被害者は、損害賠償を求めることができるほか、侵害行為の態様及び程度によっては、人格権に基づいて、加害者に対し、現に行われている侵害行為を排除し、又は、将来の加害行為を予防するための侵害行為の差止めをし、若しくは、侵害行為を予防するために必要な措置を講じることを求めることができる……。原告ら[4]主張のように、たばこの煙に曝されると健康を害し、何等かの病気にかかる危険が増加するとすれば、それは右の意義における人格権に対する侵害にほかならない」として、たばこの煙による健康被害について人格権侵害に基づく差止請求が可能であることをひとまず認めた。その上で、「人格権に対する侵害があることを根拠としてその侵害行為の差止め、又はその予防のために必要な措置をとることを請求するについては、その必要性と相手方に与える影響とを考慮すると、その請求者がその侵害を受けることもあり得るという抽象的な可能性があるだけでは足りず、現実にその侵害を受ける危険がある場合であることを要する」という厳しい要件を課した。

裁判所はまず、原告らが列車内のたばこの煙に曝される――「人格権侵害を受ける」ではない点に注意されたい――現実の危険があるかどうかについて判断し、「適切な選択をするならば」、国鉄以外の禁煙または分煙の交通手段や、国鉄が一部ですでに設置している禁煙席または禁煙車両も利用可能であるといったことを挙げて、「列車内のたばこの煙に曝される現実の危険は、極めて低い」とした。裁判所は、「既にこの点において〔禁煙車両設置請求は〕根拠に乏しい」としながらも、「たばこの煙の影響が列車内のたばこの煙に曝される僅かの経験によっても、これにより容易に回復しない著しい健康上の障害を蒙る程顕著なものであるときは、……原告ら主張の作為の請求を肯認すべきものと考える余地があり得る」として、列車内におけるたばこの煙が身体に及ぼす影響が実際にそのようなものなのかの検討に入る。

これについて裁判所は、「受動喫煙においても、その態様や程度によっては、喫煙者が受ける害と同様な害を非喫煙者が受けるおそれがないわけではない」としつつも、「受動喫煙の身体に対する影響は、どのような状態にどの程度曝されたかについての条件を度外視して一概に論ずることのできない性質のものである。この意味において、喫煙者の配偶者においては、非喫煙者の配偶者よりも肺癌に患った者の確率が高いとの前述の調査の結果は、一方では受動喫煙の人体に対する影響を裏付けるものと評価することができるが、他方では、どのような態様、程度の受動喫煙をすると人体に影響が及ぶのかについての結論を何も示していないということもできる。したがって、この程度の調査の結果により、列車内の受動喫煙により直ちに肺癌等の原告らの主張する病気に罹患する危険が増加するとの結論を導くことは到底できない」と述べた上で、「結局、列車内における受動喫煙の乗客に対する影響は、当該乗客の乗車の頻度、乗車時間及び列車内におけるたばこの煙の濃度等の条件に左右されると考えられるから、その影響を確認するについては、これらの条件に応じた実験ないしは研究を要するというべきところ、本件に表れた証拠中には、このような意味の研究の結果等に該当するものは存在しない」という証拠不十分の判定を下す。

疫学[5]に対する無理解を示している点は別にして、上の文章は、人格権の「現実の侵害の危険」が認められるためには、列車内の受動喫煙が乗客の健康に一般に悪影響を及ぼすことの証明では足りず、実際の原告について、悪影響の程度が相当程度大きいことの証明までも裁判所が求めていることを示唆している。そこには、悪影響が小さければ差止請求は認められない、という含みがあるように思われる。ここでいわゆる「受忍限度論」が登場する。

(3)　受忍限度論

「たばこの煙に曝露されることによって健康上の被害が発生することを前提として、このような重大な侵害行為がある場合には、受忍限度を論ずるまでもなく」差止請求が認容されてしかるべきだという原告らの主張に反駁して、裁判所は次のように述べる。「外界には大気の汚染、騒音等自然的にも人為的にも人の身体、健康等に影響を及ぼす作用、刺激等が多数存在するが、その軽度のものについては、たとえ他人の所為に由来するものであっても、社会生活を円滑に営むために相互に許容すべきものとして社会的に容認されるものもあり得るのであって、およそ生命又は身体に対する侵害があり、又はそのおそれがあるときは、その態様、程度、その侵害に関連する加害者側の利益の性質又はこれに対する差止めによる影響等について考慮をすることなく、当然に損害賠償又は差止めの請求が肯認されるべきであると解することはできない。……短時間の受動喫煙によっても、眼及び鼻の刺激、頭痛、咳、喉の痛み、しゃがれ声、悪心、めまい等の一過性の刺激又は不快感を生ずる可能性があることは否定し難いところであるけれども、一定の作為をしないこと〔＝禁煙車を設けないこと〕により、非喫煙者をしてたばこの煙に曝される状態に置くことが違法とされるかどうかについては、非喫煙者が受ける影響の程度のみならず、喫煙の風習に対する社会的な寛容の度合並びに喫煙に関する他の諸利益との均衡を総合的に判断し、侵害行為が受忍限度を超えるものであるかどうかを検討しなければならないものである」と。裁判所は、日本では従来から喫煙に対して社会的に寛容であったこと、さらに、「国鉄が……喫煙が受容されている社会的実態をも考慮に入れた輸送の体制をとることは何等不都合なことではない」ことを付言して、非喫煙者である乗客が受ける「害は、受忍限度の範囲を超えるものではない」と結論づけた。かくして、人格権に基づく差止請求は、「僅かの受動喫煙によっても健康上容易に回復することのできない重大な被害を被ることが明らかであるということは到底できない」という理由で退けられた。

国鉄、日本たばこ、国に対する損害賠償請求についても、上記のように、被害が受忍限度内であることを主たる理由として、退けられた（詳細は省略する）。

3　危害原理と権利

(1)　自由と権利

喫煙、嫌煙をめぐる民事訴訟においては、本来、個人の喫煙の自由と他の個人の嫌煙権とが衝突する。喫煙の自由をもつ者に対して、他者は、喫煙をやめることを求める権利がない。同じことだが、前者は後者に対して、喫煙をしない義務を負わない。他方、嫌煙権をもつ者は、たばこの煙によって自分の健康を侵害する者に対して、侵害の排除および損害賠償を請求することができる。同じことだが、後者は前者に対して、たばこの煙によって前者の健康を害さない義務を負う（亀本　二〇一九、一〇四－一〇五頁）。

ただし、この種の訴訟では、貸した金の返済を請求する類の訴訟と異なり、義務や権利の内容が裁判前に決まっているわけではない。裁判所の役割は、喫煙の自由と嫌煙権の境界線を定めることにある。実際、喫煙者個人の喫煙の自由と嫌煙者個人の嫌煙権が不法行為訴訟において対立し、裁判所が自由と権利の境界を決定することもある。(6)

先の嫌煙権訴訟は、個人の喫煙の自由と個人の嫌煙権が衝突した事件ではなかった。そこでは、たまたま列車に乗り合わせた喫煙者一人ひとりに対して、喫煙を控えることや損害賠償を求めても詮無いから、喫煙者でない国鉄を相手取って禁煙車両の設置と損害賠償を求めたのである。それは要するに、喫煙の被害が及ばないよう分煙設備を整えてくれ、という実質的に制度改革の要求であった。

(2) 危害原理と権利侵害なき損害

注意するべきことに、このような問題の決定に、ミルの危害原理は役に立たない。有名な箇所を引用しておこう。

> 人類が、個人的にまたは集団的に、だれかの行動の自由に正当に干渉しうる唯一の目的は、自己防衛だということである。すなわち、文明社会の成員に対し、彼の意志に反して、正当に権力を行使しうる唯一の目的は、他人に対する危害の防止である。彼自身の幸福〔good〕は、物質的なものであれ道徳的なものであれ、十分な正当化となるものではない。(ミル　一九七九、二二四頁)

この原理がなぜ役に立たないかといえば、裁判所が展開した既述の受忍限度論からわかるように、害は一応あるが、相手方にそれを出さない義務を課す権利が自分にはない、という事態——英米法では Damnum sine Injuria（権利侵害なき損害）と呼ばれる（Salmond 1902：406–407；1920：8–11）——が存在するからである（Singer 1982, 亀本 二〇一九）。喫煙の自由はどこまでであるか、嫌煙権はどこまでであるか、という問題を解決するためには、どこまでが防止の強制に値する危害かという問題を決定せざるをえない。それについて、危害原理はなんら指針を与えない（Feinberg 1980：30）。裁判所の判決理由に見られたように、嫌煙権を主張する側は危害を多めに主張し、それを否定する側はそれを少なめに主張するだけである。

(3) 権利の二つの用法

一般的にいえば、「権利」という言葉には二つの用法がある。第一に、貸した金を借主から返してもらう権利やあらかじめ決めた家賃を賃借人から支払ってもらう権利のように、相手方の義務が事前に定まっているときに使われる「権利」。

第二に、「到達可能な最高水準の身体及び精神の健康を享受する権利」（経済的、社会的及び文化的権利に関する国際規約一二条一項）を見れば明らかであるように（Kleinig 1978 : 44–45）、だれにどこまで義務が課せられるのかは決まっていないが、自分にはともかくもそれを受け取る権利があると主張するときの「権利」（亀本 二〇一七）。

後者の「権利」をあたかも前者の「権利」であるかのように主張すると結論を先取りすることができるから、後者の権利主張をする者は通常そうする。しかし、それは問題の解決ではなく、問題の提起または政策目標の設定にすぎないことに注意する必要がある。(7) もちろん、社会の進展に法が歩調を合わせるために、後者の権利主張は往々にして寄与する。

4 公衆衛生の立場

(1) 公衆衛生と危害原理

政策目標を実現する方法には、裁判を利用するにせよ、利用しないにせよ、個人がもつ（とくに上記第二の意味での）権利の主張によって行う方法と、政策目標を直接設定し、立法的・行政的手段を通じてそれを実現する方法とがある。たばこ問題についても同じである。

ＷＨＯ（世界保健機関）も厚労省も、人類または国民全体の公衆衛生の観点から禁煙を推進している。能動喫煙（喫煙者が主流煙と呼ばれるたばこの煙を好んで普通に吸うこと）と受動喫煙（たばこの先から出る副流煙および喫煙者が吐く煙を吸引させられること）が体に悪いことはもはや明白である（伊佐山　一九九九、島井　二〇〇九、喫煙の健康影響に関する検討会編　二〇一六、日本禁煙学会編　二〇一四、髙野編　二〇一七、特集喫煙関連疾患　二〇一八、片野田　二〇一九、大和　二〇一九）。

喫煙者集団と非喫煙者集団を比べて、前者のほうが後者より、肺がん等の病気にかかったり、それで死んだりする割合が高ければ、そして、喫煙しなければその割合の差が顕著に減少するならば、集団全体の健康増進にとって、喫煙者ができるだけ少なくなることがよいことは明らかである。(8) 受動喫煙についても、同様のことがいえる。そこでは、権利侵害なき損害などというものは問題にされない。特定個人の健康利益には、直接的な関心がないからである。公衆衛生の観点からは、集団にとってよいことは、（不特定の）個人にとっても当然よいとされる。

ここではじめてミルの危害原理が効いてくるように見える。つまり、禁煙を強制するために、個人の幸福は十分な正当化とはならない、ということである。しかし、たばこに重税を課す理由が本人の健康のためならだめだが、財政目的であればよい、ということになるのだろうか。話はそう簡単ではないように思われる。

厚労省といえども、個人のすべての喫煙に対して罰則を科そうとしているのではない。受動喫煙を限りなくゼロに近づけるために、たばこを吸うことができる場所を罰則付きで制限しようとしているだけである。これは、間接的に能動喫煙をも減少させる効果がある。規制の目的が公衆衛生であるとすれば、特定された個人の幸福のためではないから、危害原理は無関係と考えるのが穏当であろう。

(2) 改正健康増進法

二〇〇五年に発効した「たばこ規制に関する世界保健機関枠組条約」(FCTC)の第八条は、締約国に対し「屋内の職場、公共の輸送機関、屋内の公共の場所及び適当な場合には他の公共の場所におけるたばこの煙にさらされることからの保護を定める効率的な立法上、執行上、行政上または他の措置」を求めており、これを受けて、また、二〇二〇年の東京オリンピック・パラリンピックを契機として国民の健康増進をいっそう推進するために(下光 二〇一七)、「健康増進法の一部を改正する法律」が二〇一八年七月に成立した（吉見　二〇一九）。

〔亀本　洋〕

これにより、第一種施設と呼ばれる学校、病院、行政機関の庁舎等では、屋内完全禁煙、屋外原則禁煙となった。第二種施設と呼ばれる事務所、飲食店、ホテルおよび旅館（客室は適用除外）等については、原則屋内禁煙となった。いずれの施設においても、例外として認められる喫煙場所について、受動喫煙防止のための措置を講じる厳しい条件が課せられている。喫煙目的施設と呼ばれる公衆喫煙所、喫煙を主目的とするバー・スナック等については、喫煙が可能であるが、同じく厳しい条件が課せられている。なお、加熱式たばこ（欅田　二〇一七）については、当分の間、第二種施設においては喫煙専用室または加熱式たばこ専用喫煙室（ここでは飲食も可）でのみ喫煙することができる。以上の内容は、第一種施設については二〇一九年七月一日から施行され、全面施行は二〇二〇年四月一日とされている（以上につき、厚生労働省健康局健康課　二〇一九）。

ちなみに、健康増進法改正法の成立にわずかに先立ち二〇一八年六月に成立した「東京都受動喫煙防止条例」は、高等学校以下の学校については敷地内全面禁煙である点や従業員を使用していない飲食店のみ喫煙か禁煙かを選択できるとした点などで国による規制よりも厳しい（中山　二〇一九）。

5　喫煙をめぐる社会情勢の変化

再び、三〇年以上前の国鉄禁煙車両設置等請求事件の判決文章に目を向けてみよう。裁判所は、受忍限度論へ入る直前の部分で、次のように述べている。「たばこの害についての認識が深くなるにつれて喫煙者が一段と減少することも考えられないではないにしても、喫煙の習慣に対する社会的な対応が今後どのように推移するかは、なお、にわかに予測し難いところである。そして、有害であることを指摘されているにも拘らず、たばこによる憩いを評価し、これを捨てない多数の愛煙家がいるのも現実であって、このように、害を知りつつ敢て喫煙の習慣を維持するというのも、一つの価値判断に基づく個人の選択であるといわなければならない。原告ら主張の世界保健機構の勧告……は、喫煙による害から国民を護るための措置を各国政府に勧告するものであり、その目指す方向自体については何人をも首肯させるものがあるというべきであるが、そのことは、喫煙者の喫煙を楽しむ利益が法律的にも社会的にも考慮に値しないことを意味するものではないこともちろんである」と。

現在では、喫煙者の数は一段どころか、数段減少し、喫煙者は男性においても少数派になった。喫煙の習慣に対する社会的寛容さも著しく減少しているように思われる。喫煙による害から国民を守るための措置は、既述のように政府によって強力に推進されている。このような社会情勢の変化に伴って、今日では、喫煙を楽しむ利益が法律的にも社会的にも考慮に値しないという考え方が、大勢を占めていると言ってよいであろう。まさしく、隔世の感がある。

最初の嫌煙権訴訟の後も、数多くの嫌煙権訴訟が提起された。同じく伊佐山弁護士が主導して一九九八年五月一五日に提起された「たばこ病訴訟」（東京地判平一五・一〇・二一訴訟月報五〇巻八号二二四一頁、判タ一二〇六号二一七頁）は、日本たばこおよび国による有害なたばこの販売がそもそも違法だとして、長年の喫煙により肺がん等のたばこ病にかかったこととの損害賠償に加え、自動販売機によるたばこ販売の禁止、たばこの広告・宣伝の禁止等をも求める徹底したものであった[9]。この訴訟では、原告らは控訴審、上告審を含め敗訴した。だが、財務省と全面対決するこの種の訴訟以外の嫌煙権訴訟、とりわけ、職場（とくに官公署）での受動喫煙を回避するため、分煙ないし禁煙のための措置を求める訴訟においては、上記のような社会情勢の変化によって、裁判は、原告にしだいに有利なものに変わっていった（三柴　二〇〇五、眞鍋　二〇〇〇、八七―八八頁、岡本　二〇一七、一四五九頁)。喫煙に対する社会の受容度を大いに考慮に入れる受忍限度論というものは、もともとそういう性質をもっている。健康増進法の狙いがますます実現されつつある今日においては、訴訟を通じて受動喫煙の防止をはかる必要性は前よりも薄れた。分煙という言葉は死語になりつつある。かくして、喫煙者の肩身はますます狭くなった(日本経済新聞 二〇一九)。

6 喫煙者の現在

将来襲われるであろう各種のがんや心筋梗塞などは別にして、私自身、咳が止まらなくなって、咳止めを飲みながらたばこを吸うことがよくある。おそらく、たばこの有害性を指摘するほとんどの文献に登場するCOPD(慢性閉塞性肺疾患)と呼ばれるものであろう。知らない大学に行ったときなどは、どこでたばこが吸えるかをまず確認する。全面禁煙ならば、二度と行くまいと決意する。ひとごととして見れば、まったくばかげている。たばこは、百害あって一利なしだ。やめられないのは、もちろんニコチン中毒[10]という病気にかかっているからだ。

だから、喫煙者の問題は、権利の問題でもなければ、リベラリズムの問題でもない(佐

藤　二〇〇〇）。たばこの撲滅をめざす多くの論者が言うとおり、健康問題すなわち病気の問題である。ただ、そのような論者の仲間になりたいか、と問われたら、仲間でなくてよかったと私は答える。[11] なにものにも依存せず自律した人間なんて、私はなりたくない。

〔亀本　洋〕

〈参考文献〉


荒井一博（二〇一二）『喫煙と禁煙の健康経済学――タバコが明かす人間の本性』中央公論新社。

五十嵐清（二〇〇三）『人格権法概説』有斐閣。

伊佐山芳郎（一九八三）『嫌煙権を考える』岩波書店。

伊佐山芳郎（一九九九）『現代たばこ戦争』岩波書店。

伊佐山芳郎（二〇〇〇）「日本におけるたばこ病訴訟の展開」棚瀬編（二〇〇〇）六五―八四頁。

伊佐山芳郎（二〇一二ａ）「たばこ病訴訟と裁判官の責任」日本の科学者四七巻八号四二―四八頁。

伊佐山芳郎（二〇一二ｂ）「たばこ病訴訟と裁判官の責任を考える」法と民主主義四七二号四七―五一頁。

伊佐山芳郎ほか（一九八四）「嫌煙権をめぐる法律的諸問題」総合研究開発機構（一九八四）四

〇―八〇頁。

大沢秀介（一九九四）「嫌煙権訴訟」ジュリスト一〇三七号一八一―一八四頁。

太田勝造（二〇〇九）「嫌煙権訴訟」法学教室三五〇号二四―二五頁。

岡本光樹（二〇一七）「受動喫煙と法」高野編（二〇一七）一四五八―一四六一頁。

片野田耕太（二〇一九）「受動喫煙と健康被害」法律のひろば七二巻二号一一―一六頁。

亀本洋（二〇一四）「裁判と科学の交錯」亀本編（二〇一四）三―三三頁。

亀本洋（二〇一七）「Claim について」法律論叢九〇巻二・三号一六五―一八七頁。

亀本洋（二〇一九）「法における自由について」法律論叢九一巻六号九九―一二〇頁。

亀本洋編（二〇一四）『岩波講座　現代法の動態六　法と科学の交錯』岩波書店。

喫煙の健康影響に関する検討会編（二〇一六）『喫煙と健康――喫煙の健康影響に関する検討会報告書』。https://www.mhlw.go.jp/stf/shingi2/0000135586.htmld
喫煙文化研究会編（二〇一七）『「タバコと健康」真実の話』ワック。

キノブックス編集部編（二〇一八）『もうすぐ絶滅するという煙草について』キノブックス。

欅田尚樹（二〇一七）「加熱式タバコ」高野編（二〇一七）一三八二―一三八五頁。

厚生労働省健康局健康課（二〇一九）「健康増進法の一部を改正する法律について」法律のひろ

ば七二巻二号四―一〇頁。

小谷野敦（二〇〇九）『禁煙ファシズムと断固戦う！』ＫＫベストセラーズ。

佐藤憲一（二〇〇〇）「嫌煙の論理と喫煙の文化――自由主義パラダイムの陥穽」棚瀬編（二〇〇〇）一九七―二二一頁。

島井哲志（二〇〇九）『吸う　喫煙の行動科学』二瓶社。

下光輝一（二〇一七）「受動喫煙防止法制定に向けて」学術の動向二二巻六号五四―五九頁。

総合研究開発機構（一九八四）『嫌煙権の経済的・法律的意味』総合研究開発機構。

髙野義久（編集幹事）（二〇一七）「特集　禁煙 up to date」治療九九巻一一号一三六九―一四六五頁。

武田邦彦（二〇一四）『早死にしたくなければ、タバコはやめないほうがいい』竹書房。

棚瀬孝雄編（二〇〇〇）『たばこ訴訟の法社会学――現代の法と裁判の解読に向けて』世界思想社。

津田敏秀（二〇一一）『医学と仮説――原因と結果の科学を考える』岩波書店。

津田敏秀（二〇一三）『医学的根拠とは何か』岩波書店。

津田敏秀・山本英二（二〇一四）「疫学的因果関係」亀本編（二〇一四）九三―一三五頁。

筒井康隆（二〇〇二）「最後の喫煙者」同『最後の喫煙者　自薦ドタバタ傑作集一』新潮社、六三―八四頁（初出は『小説新潮』昭和六二年一〇月号、一九八七年）。

特集喫煙関連疾患―予防と治療の最前線（二〇一八）医学のあゆみ二六五巻一〇号八三九―八八八頁。

中村正和（二〇一九）「受動喫煙防止の法的規制の持つ意義と課題」法律のひろば七二巻二号三四―四二頁。

中村好一（二〇一三）『基礎から学ぶ楽しい疫学　第三版』医学書院。

中山佳子（二〇一九）「東京二〇二〇オリンピック・パラリンピック競技大会に向けた受動喫煙対策」保健師ジャーナル七五巻二号一一三―一一六頁。

日本禁煙学会編（二〇一四）『禁煙学　改訂三版』南山堂。

日本経済新聞（二〇一九）「平成って――喫煙者肩身狭く」日本経済新聞夕刊（二〇一九年四月二四日）社会面。

橋内章（二〇一三）『「タバコと酒」の健康常識はウソだらけ』ワック。

秦郁彦（一九九九）「禁酒法の愚行に学び、『分煙』で平和共存を」同『現代史の光と影』グラフ社、二二四―二二九頁（初出は『日本の論点』文藝春秋、一九九八年）。

〔亀本　洋〕

林信吾・葛岡智恭（二〇〇九）『大日本「健康」帝国――あなたの身体は誰のものか』平凡社。

藤原久義（二〇一八）「はじめに」特集喫煙関連疾患（二〇一八）八三九－八四〇頁。

プロクター、ロバート・N（二〇一五）宮崎尊訳『健康帝国ナチス』草思社。

眞鍋佳奈（二〇〇〇）「日本の嫌煙権訴訟」棚瀬編（二〇〇〇）八五－八八頁。

三柴丈典（二〇〇五）「わが国における嫌煙権訴訟の動向について（上）（下）――江戸川区職員（受動喫煙）事件（東京地判平一六・七・一二（判例時報一八八四号八一頁））を契機として」判例評論五六一号二－八頁、同五六二号六－一六頁。

ミル・J・S・（一九七〇）早坂忠訳「自由論」関嘉彦編『世界の名著四九　ベンサム　J・S・ミル』中央公論社、二一一－三四八頁。

室井尚（二〇〇九）『タバコ狩り』平凡社。

本島進（二〇〇四）『たばこ喫みの弁明――喫煙規制に見る現代社会』慧文社。

山田稔（二〇一四）『分煙社会のススメ。――人を排除しない、多様性のある社会を目指して』光文社。

大和浩（二〇一九）「受動喫煙の健康影響に関する最新情報」保健師ジャーナル七五巻二号一〇五－一一二頁。

楊伯卿（一九八五）新井基夫監修『たばこと上手につきあう法』祥伝社。

吉見逸郎（二〇一九）「健康増進法改正と世界の受動喫煙を巡る動き」保健師ジャーナル七五巻二号一〇〇―一〇四頁。

Feinberg, Joel（1980）"The Interest in Liberty on the Scales"（初出は一九七八）, idem, *Rights, Justice, and the Bounds of Liberty: Essays in Social Philosophy*, Princeton, New Jersey: Princeton University Press, 1980, pp. 30–44、中井良太訳「自由の利益をはかりにかける」嶋津格・飯田亘之（編集・監訳）『倫理学と法学の架橋――ファインバーグ論文選』東信堂、二〇一八年、四一―六〇頁。

Kleinig, John（1978）"Human Rights, Legal Rights and Social Change," Eugene Kamenka and Alice Erh-Soon Tay（eds.）, *Human Rights, London*: Edward Arnold, pp. 36–47、ジョン・クライニッヒ「人権・法的権利と社会的変化」カメンカ、イアースーン・テイ編（西尾孝司訳）『人間の権利』未来社、一九八四年、七一―九〇頁。

Salmond, John W（1902）*Jurisprudence or the Theory of the Law*, London: Stevens & Haynes.

Salmond, Sir John（1920）*The Law of Torts: A Treatise on the English Law of Liability for Civil Injuries*, 5th ed., London: Sweet & Maxwell.

Singer, Joseph William (1982) "The Legal Rights Debate in Analytical Jurisprudence from Bentham to Hohfeld," *Wisconsin Law Review* (1982): 975–1059.

(1) 伊佐山（一九八三）四九頁によれば、この言葉が大きくマスコミに登場したのは、一九七八年二月一八日、東京四谷の日本写真文化会館で開催された「嫌煙権確立をめざす人びとの会」の発足会についての報道による。秦（一九九九）二二四頁も参照。

(2) 現在の条文は、「故意又は過失によって他人の権利又は法律上保護される利益を侵害した者は、これによって生じた損害を賠償する責任を負う。」というものだが、判例・通説で認められた内容は、当時の条文（「又は法律上保護される利益」という文言がなかった）においても変わらない。

(3) 詳しくは、五十嵐（二〇〇三）参照。明確な根拠条文はないが、学説では、憲法一三条「すべて国民は、個人として尊重される。生命、自由及び幸福追求に対する国民の権利については、公共の福祉に反しない限り、立法その他の国政の上で、最大の尊重を必要とする。」や憲法二五条一項「すべて国民は、健康で文化的な最低限度の生活を営む権利を有する。」と結びつけて考えられることが多い。本文で触れたような日本法特有の事情から形成された権利であり、'rights of person' などと翻訳しただけでは、外国の法律家には通じない。'rights of integrity for injunction' とでも翻訳するほかなかろう。人格権としての名誉権にかかわるものだが、画期的判例として「北方ジャーナル事件」最高裁大法廷判決（最大判昭和六一・六・一一民集四〇巻四号八七二頁）がある。本文中でいま取り上げている判決も、人格権に触れる文脈でそれを引用している。

法理学的には、人格権は物権（所有権がその代表）の一種と見ることができる。明文の規定はないが、昔から、物権には妨害排除請求権が当然に備わっているとされてきた。たとえば、土地の所有者は、無権利者がその土地内に勝手に物を置いた場合、その撤去、すなわち土地利用妨害の差止めを求めて訴訟を提起することができる。

(4)「原告ら」における「ら」は、単に複数形を表す。第三者等、原告以外の地位にある者は決して含まれない。日本の法律家に特有の言葉遣いである。

(5) 中村好一（二〇一三）、津田（二〇一一、二〇一三）、津田・山本（二〇一四）参照。

(6) 同じマンションの真下に住む被告が、階上に住む原告が被害を受けていることを知りながら、なんら受動喫煙防止措置をとることなく、ベランダで喫煙を継続し、たばこの煙がベランダおよび室内に流れ込んだため体調が悪化した原告が被告に損害賠償を求めた事件（名古屋地裁平成二四年一二月一三日判決）において、裁判所は、「〔マンション居住の特殊性からして、原告にも〕近隣のタバコの煙が流入することについて、ある程度は受忍すべき義務がある」――「受忍すべき義務がある」という言い方は不正確であり、「損害賠償または差止めを請求する権利がない」というべきだが――としつつも、精神的損害については不法行為の成立を認め、五万円の慰藉料の支払いを命じた。この種の判決がインターネット等を通じ知れ渡る効果は大きく、最近では、おそらく近隣トラブルを避けるためであろうが、マンションに居住する喫煙者の間では、室内で、しかも比較的煙が出ない、または匂いが弱い加熱式たばこを吸う人が圧倒的に増えているようである。

（7）以上のような注意を促したのは、喫煙の他者危害性から受動喫煙の違法性を直線的に導く議論（中村正和二〇一九、三五―三六頁）が往々にして見られるからである。
（8）亀本（二〇一四）二六―二七頁のほか、前掲注（5）で挙げた文献参照。
（9）伊佐山（一九九九、一八一―二〇五頁、二〇〇〇、二〇一二a、二〇一二b）参照。伊佐山は、結審直前に、被告日本たばこに少し不利な訴訟指揮をしたためか、寺尾洋裁判長が人事異動の時期でもないのに、別の裁判長に交代させられたことを指摘している（伊佐山　二〇一二a、四六頁、二〇一二b、四九―五〇頁）。
（10）中毒は経済学では、過去の行動が現在の行動に影響を及ぼす点に注目して「嗜癖」と呼ぶらしい。荒井（二〇一二）第三章参照。
（11）ここで、私がこの間読んだ喫煙擁護派の文献を挙げておく。楊（一九八五）、筒井（二〇〇二）、本島（二〇〇四）、室井（二〇〇九）、林・葛岡（二〇〇九）、小谷野（二〇〇九）、橋内（二〇一三）、武田（二〇一四）、山田（二〇一四）、喫煙文化研究会編（二〇一七）、キノブックス編集部編（二〇一八）。ナチスも健康至上主義でたばこ撲滅運動をやっていたことにつきプロクター（二〇一五）（喫煙擁護派ではない）参照。

ネオ・ピューリタニズムに抗して——喫煙の人生論と法哲学

井上達夫

喫煙規制強化に向けて、日本だけでなく世界中が猛進している。「分煙」の徹底は、そのための規制手段について論議はあるものの、その目的自体は、喫煙者も非喫煙者も同意できる良識的なものである。しかし、いまや世の趨勢は、喫煙者を「社会の害虫」であるかのように敵視し、喫煙自体の根絶を目指す「排煙」の方向に突き進んでいる。

いまさら、この状況に警鐘を鳴らしても、「もう遅すぎる、負け犬の遠吠えにすぎない」と一蹴されるかもしれない。しかし、「負け犬の遠吠え」すら聞こえないとなると、「勝ち犬」の専横がさらに助長されるだろう。「異なった声」を発することは、その声が押しつぶされ、黙殺されるときにこそ、必要なのではないか。

本稿で私は、喫煙と付かず離れずというか、付いたり離れたりの関係を長年もってきた一人の人間として、まず、わが生の歩みを振り返りつつ、「よく生きることと喫煙」について人生論的省察を試みる。次いで、喫煙者と非喫煙者の公正な共生の枠組と、「排煙」運動の根底にある危険な社会病理について、若干の法哲学的省察を試みたい。この小文が、この世界になお「異なった声」が存在することを証示する記録となれば幸いである。

〔井上達夫〕

前篇　我が〈喫煙人生劇場〉

1　第一幕——生真面目な喫煙者

もう時効だから、自白してもいいだろう。私は高校生時代から喫煙を始めた。別に粋がって大人の真似がしたかったわけではない。そういう若者は中学生くらいから吸い始めるものだ。私の場合、動機は少年的虚勢ではなく、もっと「純粋」である。

高校一年生の時、三島由紀夫自決事件の衝撃を受け、彼が出た東京大学法学部に強い関心をもち、東大文科一類を受験する決意を固めた[1]。したがって、高校生時代は、ひた向きに勉強をした。当然、ストレスも高まる。仕事に追われるサラリーマンと同様、ストレス解消に、自宅で問題集と取っ組み合いながらタバコを吸った。我が家の家長的存在だった母も、「高校生が外で喫煙するのはみっともないから、吸いたいなら家の中で吸え」と言うタイプの人間だった。彼女自身もヘビー・スモーカーだった。未成年の私が喫煙したのは、「不良」だったからでなく、「模範的優等生」だったからである（エヘン）。

東大に入ってからも、私は「よく勉強する真面目な学生」だった。受験勉強から解放されて、遊びに耽る学生、「東大卒パスポート」取得に必要な限りの勉強をすれば、あとは遊んで大丈夫という姿勢の学生も少なからずいたが、私は、受験勉強から解放されたからこそ、試験目当てではない本当の学問がしたいという欲求に駆られた（エヘン、エヘン）。駒場の教養課程時代、ある学期内に向坂逸郎訳のマルクスの『資本論』全巻を読破する目標を立て、定期試験間近になっても、試験科目の勉強をそっちのけにして、しかし、内心は焦りながら、この難解な書物と格闘したりしていた。

二年生から下宿生活を始めたが、親に経済的余裕はなかったので、奨学金と家庭教師アルバイトで自分の下宿生活経費を賄おうとして、食費も切り詰めた。文京区千駄木にあった文字通り「三畳一間の小さな下宿」と大学（二年生の間は駒場キャンパス、三年生から本郷キャンパス）を行き来し、質素な暮らしの中で勉学に励んだ。そんな私にとって、タバコは憩いのための必需品であった。週末に神田の本屋街を回り、その裏手にある喫茶店で、コーヒーを飲み紫煙をくゆらしながら、買った本を読むのは、至福のひとときだった。

〔井上達夫〕

法学部三年生のとき、我が恩師、碧海純一教授の法哲学演習に参加したのが契機となって、法哲学研究者を志した[2]。当時、東大法学部には、学部成績が優秀とみなされれば、大学院をバイパスして助手（現在の助教）に採用される制度があったので、助手をめざして勉学にさらに励んだ。各科目の勉強だけでなく、いやそれ以上に、碧海教授からの示唆も踏まえて内外の哲学・法哲学の専門書の勉強に勢力を傾注した。書物と並んで、タバコはますます手放せない「勉学の糧」となった。

助手時代も、右手が本の頁をめくる動作とタバコを指に挟む動作を周期的に反復する生活が続いた。助手の任期は三年で、最終年度の二月末までに助手論文（学部卒助手にとっての、博士論文の機能的等価物）を提出しなければならない。助手論文執筆中の最後の半年間は、日常生活の喧騒や雑事を避けるために、夜から朝まで仕事し、昼間から夕方まで寝るという昼夜逆転の生活をした。助手時代は給料がもらえたので、千駄木の小さな下宿から、小金井市の2Kのアパートに引っ越していた。自然科学系の院生助手とは違って、実験などはする必要がなく、文献資料さえ手許にあれば仕事ができたので、本や論文のコピーなどをアパートの部屋に所狭しと積み上げて、隠者のごとく引きこもりの研究生活をした。当然、部屋中にタバコの煙と臭いが充満した。

2 第二幕──快楽主義的非喫煙者

小金井の自分のアパートの近所に、脱サラの店主が経営する小さなレストランがあった。イタリア料理がメインだが、ハンバーグなどもあり、洋食屋さんのような気軽さがあった。助手論文と格闘していた頃、隠者生活をしたとはいっても、まったく社会から隔離されると気が狂う。それに、自炊のための買い物や料理に時間をとられたくない。そこで、毎日夕方、アパートから出てこの店に行き食事した。必ず最後にピザも注文し、少し齧って残りをアルミホイルにくるんでもらい、アパートに持ち帰った。徹夜の執筆作業の後、それをオーヴン・トースターで温めて食べて、一服してから寝るのである。

この店は、もちろんワインも供していたが、助手論文執筆中は自粛した。ただ、ささやかな慰みとして、ドライのシェリー酒を、いつも一杯だけ飲んだ。因みに、その銘柄はティオ・ペペで、吉田茂が愛飲したらしい。

〔井上達夫〕

脱線のついでに付言すると、吉田茂の息子で英文学者・作家の吉田健一は酒好きで有名である。神田の書店街に「ランチョン」という名の老舗の小さなビアホールがあり、文人たちもよく顔を見せていた（この店は現在もあるが、改築されて広くなり昔の面影はない）。学生時代、私は週末の神田本屋街めぐりの後の楽しみとして裏通りの喫茶店に通ったと言ったが、月に一度、バイトの給料が入ると、喫茶店に行く前に、ランチョンに立ち寄り、そこで料理二品とビール付きのランチ定食を食べた。これが貧乏学生のささやかな贅沢だった。その際、吉田健一が編集者と思しき人物相手に昼間から何杯もビールを飲み、哄笑しながら喋っている情景をよく見かけた。喋っている間にビールがぬるくなると、すぐに新しいのを注文するという次第で、すべて飲み干したわけではないようだが。

私が助手になった一九七七年の八月に、彼はいま本稿を執筆している時点の私と同じ六五歳で亡くなった。死因は肺炎だが、入院中も医師の許しを乞うて、ギネスビールを一日一本飲んでいたらしい。酒食を愛することが人生を愛することと不可分だった自分の生き方を、最後まで貫いた吉田健一には感服する。しかし、それ以上に、それを受け入れた医師の度量に敬服する。いまでは、ありえない話かもしれないが。

閑話休題。助手論文執筆時代に毎日通った料理店と酒の話をしたのは、それが私の喫煙人生の「大いなる転換」に関わるからである。助手論文提出期限前の数週間は、睡眠は日に二、三時間、時にゼロという状況が続いた。いまとは違って、当時はワープロがまだ普及せず、論文は手書き原稿で、清書の作業も必要である。清書については友人たちの協力も得たが、その過程でも最終的な誤記の確認・訂正作業をしなければならない。提出直前の数日はまさに不眠不休で作業した。なんとか無事に期限までに論文を提出すると、私はアパートの部屋の寝床に倒れて、まる二日、昏々と眠り続けた。正確に言うと、うっすらと目覚めてはまた寝入るという状態が続いた。

やっと意識がはっきりする程度に目覚め、体が動くようになると、空腹を覚え、いつものレストランに行った。まずは、例のシェリー酒を注文した。出されたグラスを傾け、酒を口に含ませた。私はその美味さに驚いた。解放感から酒が美味く感じるという心理的な次元の話ではない。まさに感覚的次元で、この店でこれまで飲んできたシェリー酒よりも格段に美味いのである。私は店主に、「シェリーの銘柄を変えたの?」と訊いた。彼は「いいや、いつもと同じティオ・ペペですよ」と答えた。

美味くなったティオ・ペペを啜りながら、「なぜ、こうも味が違うんだろう」と考えた。そのうちに、一つのことに思い当った。「そうだ、まる二日眠っていた間、俺はタバコを一本も吸っていなかった。タバコを吸わないと、味覚が鋭くなって、それまで感じなかった酒の味も感じられるようになったんじゃないか」と。後で分かったことだが、人間の味蕾は舌だけでなく口蓋（精確には、口の奥の方にある軟口蓋）にもあり[3]、喫煙は特に口蓋の味蕾を鈍麻させるようである。まる二日、タバコを吸わなかった間に、私の味蕾、特に口蓋のそれの機能が回復し、チェーン・スモーキングしているときには分からない複雑微妙な味や芳香が感じられるようになったらしい。

この日から突然、私はタバコを吸わなくなった。禁煙したわけではない。タバコを吸いたいとは思わなくなったのである。喫煙への欲望自体から突然解放された。助手論文執筆のストレスから解放されたということもあるだろうが、喫煙にもはや快楽を感じず、食べ物や酒の味をより深く感じられるという味覚の快楽の方が、わが生の中で圧倒的に大きな位置を占めるに至った。

このとき私は二五歳だった。それから五〇歳になるまでの四半世紀、私は非喫煙者として生きた。嫌煙権を主張して喫煙者を敵視したりはしなかったが、飲食しながらタバコをスパスパ吹かしている人たちを、「生の快楽の何たるかを知らない可哀そうな連中」と、上から目線で見ていた。この頃の私にとっては、喫煙は「健康のため自制すべき快楽」ではなく、「より深い快楽を味わった者ならすぐ飽きてしまうはずの低級で皮相的な刺激物摂取」だった。私は健康志向的禁欲主義者としてではなく、高次の快楽主義者として、喫煙を止めたのである(4)。

特に、チェーン・スモーキングについては、自分の経験からしても、厳しい見方をした。それは味覚を鈍麻させるだけでなく、喫煙の快楽すらも減衰させる自壊性をもつ。本当にタバコが美味く感じられるのは、最初の数本で、あとは惰性である。タバコの本数が増えるにつれ、快楽の「限界効用」は逓減どころか急減し、遂には不快に転じる。それでも吸い続けるのは、タバコを吸っていないと「口元がさびしい」とか「手持ち無沙汰だ」とか言うように、喫煙という行為が作業や会話の間合いをとる動作としてルーティーン化してしまっているからである。チェーン・スモーキングは、喫煙の目的としての快楽を忘れて、手段としての喫煙行為を自己目的化してしまった倒錯的習癖であるように思えた。

3　第三幕——充足的葉巻愛用者

(1)　葉巻との出会い——本郷とベルリン

欲望は抑圧してはいけない。抑圧された欲望は、抑圧する者自身に必ず復讐してくる。単純な形態では、「リバウンド」として。複雑な形態では、種々の神経症的・精神病的障害として。欲望は抑圧するのではなく、自壊的に暴走しないよう馴化するか、より高次の快楽の希求へと転化させなければならない。快楽主義的非喫煙者時代の私が立脚したのは、このような人生哲学である。この人生哲学はいまも変わらない。ただ、非喫煙者としての生活は四半世紀続いた後、五〇歳で一旦幕を閉じた。

幕を閉じさせたのは、葉巻との出会いである。本郷通りに接するある路地沿いに、「金魚坂」という名の面白いレストランがある。江戸時代から三五〇年続く金魚屋さんが二十数年前に開いた店で、和食を基本としながら、一階にはピアノが置いてあり、洋楽のライブも開かれ、小さな劇団の舞台にもなる。店の周りには金魚の生簀もあり、伝来の金魚売り稼業もしっかり続けている。こんな場所は世界に一つしかないと断言できるユニークな空間だが、そのユニークさをさらに極めるものがこの店にはある。半分隠れたような中二階の小さなスペースが、なんとシガー・バーになっているのである。

このレストランが出来てまだ数年という頃、噂に聞いて私は一度立ち寄った。中二階の不可思議なスペースに惹き付けられ、四、五人分の席しかないカウンターに座った。そこで出会ったのが、このシガー・バーを仕切るS氏である。彼から葉巻を勧められた。葉巻は吸ったことがなく、好奇心から試してみた。四半世紀ぶりの喫煙だったが、昔吸っていた紙巻きタバコとは全く違う。煙は肺には入れず、口腔と鼻腔でその香りを楽しんで吹き出す。なんとも美味い。葉巻といっても、ピンからキリまであるが、S氏がここに置いているのはハバナ・シガーを中心にして質の高いものばかりである。もちろん保存状態もよい。美味いだけでなく、仕事のストレスや雑念からすっかり解放されてリラックスし、全身が癒されるような感じがした。長年悩まされてきた肩凝りまでが、心なしか楽になった気さえした。

それ以来、金魚坂に寄る度に、S氏が勧めてくれる色々なシガーを楽しんだ。しかし、普段の生活の中では非喫煙者のままであった。それが変わったのは、二〇〇四年九月下旬にベルリン日独センター（Japanisch-Deutches Zentrum Berlin）で開催された国際シンポジウムに報告者の一人として招かれた時である。ベルリン滞在は、一週間足らずだったかと思うが、シンポジウム主催者が、有名なオペラ歌手マリア・カラスも泊ったことがあるという小粋なホテル（私の記憶に間違いがなければ、サヴォイ・ベルリン）を招待報告者の宿泊先として用意してくれた。そこには、こぢんまりとしているが落ち着いた雰囲気のシガー・バーがあり、バー・スペースと同じくらいの広さのあるヒューミドール（湿度温度を管理する葉巻保存室）が付属していた。小さなバーでは、箱状に小型化されたヒューミドールをカウンター脇に置くのが通常だが、ここは、本格的なヒューミドール室を備えていたのである。

私はそのバーが気に入り、というか、そこのヒューミドールに保管されている種々の葉巻が気になり、宿泊中、毎夜訪れた。夕食は他の報告者たちとしたが、食後は一人で、このバーを訪れ、ゆっくりと葉巻をくゆらした。一人になりたかったというよりは、嫌煙者を気にする必要のない空間で葉巻を楽しみたかったのである（一度だけ他の報告者も同伴したことがあったが）。あるとき、そのバーのカウンターで、三〇代くらいの男女のカップルが私の隣に座った。地元の人たちで、このバーによく来るという。私のドイツ語能力は読書専用で自由に会話できるレベルではなかったが、彼らは英語ができたので、話がはずんで仲良くなった。

別の日、このシンポジウムの日本側世話役だった哲学者、大橋良介氏と一緒に街を歩いていると、偶々車で我々の傍を走っていたそのカップルが私に気付き、車を寄せて私に挨拶してくれた。大橋氏が、「井上さん、わずか数日の滞在中に地元の若者と友達になるとは、さすが共生の作法の唱道者だ」と感心してくれた。「そうか、葉巻は私の〈共生力〉も高めてくれるのか」と、満更でもない気がした。「見知らぬ他者との会話を楽しむ」のは、「宴」も意味するConvivialityという言葉に対応する私の共生概念の祖型的実践だが、(6) 葉巻でリラックスした気分が、この実践を促進してくれたようである。

ベルリンで葉巻の快楽をさらに深く経験した結果、私は、帰路、空港の免税店でハバナ・シガーを何種類かまとめ買いした。それ以降、帰国後も定期的に東京のシガー・ショップ等でまとめ買いするようになり、最初は週に一、二本、やがて毎日一本、葉巻を嗜むようになった。タッパウエアーに加湿剤とともに葉巻を封入し、それをさらに自宅のワイン・セラーに押し込んで、自家用ヒューミドールとした。

〔井上達夫〕

⑵「充足的喫煙」思想へ

紙巻きタバコをチェーン・スモーキングしていた時代とは異なり、この頃の私は、毎日一本だけ、一仕事終えたとき、あるいは仕事の区切りをつけて休むときに、ゆったりと葉巻をくゆらした。大学にいるときは、全面禁煙の研究室を出て喫煙可能な飲食店などで吸い、自宅にいるときは、家族の嫌煙権を尊重して庭に出て、自分が育てた薔薇などを愛でながら吸った。質のいい葉巻は安価ではないので、しがない大学教員の給料の予算制約からして、チェーン・スモーキングなどそもそも不可能である。一日一本の葉巻は、「よく働く自分へのご褒美」であった。自分で言うのも何だが、実際、よく働いてきたと思う（エヘン、エヘン、エヘン）。

この程度の喫煙だと、昔ほど味蕾が鈍麻することもなく、飲食の快楽は損なわれなかった。そもそも葉巻は食後に楽しむものなので、食事を味わうことを邪魔せず、むしろ食後の一服は食事の余韻の快楽を高めてくれた。葉巻は「高次の快楽主義者」としての私の人生哲学と実によくマッチした。若かりし頃の自分のチェーン・スモーキングのような「自壊的・強迫的喫煙」と区別して、このような葉巻の楽しみ方を「充足的喫煙」と呼んで、これを自己自身および他者に対して擁護した。

それだけではなく、「葉巻の充足的喫煙は、健康にさほど害は及ぼさない」というのが、この頃の私の持論であった（今も、基本的にはこの持論を保持しているが、本稿4で後述するように、一定の疾患を持つ場合は、葉巻もやめた方がいいという留保をつけている）。理由は色々ある。第一に、葉巻は煙を肺に入れず、香りだけ楽しむ。口腔・鼻腔の粘膜からもニコチンは吸収されるから、ニコチンの悪影響は皆無ではないが、「程度の違い」は重要である。第二に、紙巻きタバコは紙の燃焼率がタバコより低いので助燃剤を紙に染ませており、この助燃剤が発癌性物質による細胞の癌化を促進するダイオキシンを発生させる。しかし、葉巻はまさにタバコの葉だけを巻いたものなので、この問題はない。

第三に、そしてこれが最も重要だと私が考える理由なのだが、喫煙とストレスの関係が孕む複雑微妙な問題がある。健康への影響という観点から見たタバコの弊害は、通常強調される発癌性だけではなく、活性酸素を増やすことにある。活性酸素は免疫機能をもつが、増えすぎると、正常な細胞まで損傷し、癌や心血管疾患、種々の炎症などを引き起こす要因になる。発癌性があるのはタバコだけではないが、タバコは癌を含む様々な疾患の促進につながる活性酸素増大効果を持つ点に問題がある。こう言うと、葉巻も含めてタバコは健康に百害あって一利無しだということになりそうだが、事はそう単純ではない。

活性酸素を増大させる要因として、タバコ以上に有害なのはストレスである。ストレスは活性酸素増大による疾患促進効果に加えて、自律神経のバランスを崩して免疫力を低下させるからである。非喫煙者でもストレスの高い人は免疫力が低下し、癌やその他の病気に対して脆弱になる。この点を踏まえると、喫煙の両面性が見えてくる。喫煙はストレスを低下させる効果ももつ。喫煙の弊害と、ストレス低下という効用との適切なトレードオフの仕方が問題になる。喫煙の医学的デメリットがストレス低下による医学的メリットを下回る適度なレベルに喫煙が抑えられるなら、喫煙にも健康阻害リスクを縮減する効用が認められるだろう。

ヘビー・スモーカーはストレスの高い生活スタイルの人に多い。彼らの喫煙量は、この「適度」を超えてしまっているのかもしれない。しかし、禁煙したとしても、ストレスの高い生活スタイルがそのまま変わらず、ストレスを解消する他の方途もとられていないとしたら、禁煙がかえって災いとなることもありうるだろう。もちろん、喫煙に代わるストレス解消手段が見つかり、それに満足できればいい。しかし、そうでない場合は、「禁煙」ではなく「節煙」という道もあるのではないか。

「ヘビー・スモーカーはみな喫煙依存症だから、節煙など無理で禁煙しかない」という

〔井上達夫〕

のは暴論だろう。酒好きがみなアルコール依存症（アル中）であるわけではなく、「禁酒でなく節酒」という酒との付き合い方が可能であるように、節煙も可能なはずである。現に私は、ヘビー・スモーカー時代の後、四半世紀にわたる非喫煙時代を経て葉巻を始めたが、断酒していたアルコール依存症患者が一口酒を飲んだだけで旧の木阿弥になるように、ヘビー・スモーカーに戻ることはなかった。充足的喫煙としての節煙を実践できた。

ここで序に付言しておくと、そもそも、どの程度の、どのような種類の喫煙が、健康にどのような影響を与えるかは、きわめて複雑な問題である。癌との関係に限っても、いま述べたストレスの免疫システムへの影響、個人の体質、タバコ以外の発癌性物質の影響など様々な要因が関与してくる。非喫煙者も癌を患いうるだけでなく、肺癌で日本人に多い「肺野型」（肺の奥にできる癌）は喫煙と関係が薄いと言われるように、癌を患った喫煙者においても、喫煙が原因とは言えない場合も多い。しかも健康を阻害する要因は癌だけでなく様々なものがある。発癌リスクだけ下げればよいというわけではない。発癌リスクを避ける、あるいは低下させる手段が副作用として別の健康阻害効果をもつこともある。いまの医学でこれらの問題がすべて確定的に解明されているわけではない(7)。

〔井上達夫〕

(3) ロバート・ノージックとの会食の思い出

この問題に関して、一つ思い出がある。リバタリアニズムの代表的哲学者として有名なロバート・ノージックは、菜食主義者であるだけでなく、酒もタバコも一切やらない。一九八六年から八八年にかけて私がハーヴァード大学哲学科に客員研究員として滞在していた際、彼の演習にも参加した。個人的にも面談したが、その折、彼にハーヴァード・スクェアのレストランでのランチに招かれた。「君に奢るから、好きなものを注文していい」と私に言うので、「あなたは何を注文するのか」と私が訊いたところ、彼は何と、「いまダイエット中だから、ダイエット・コークだけ頼む」と言った。

ノージックのこの応答に私は当惑した。理由は二つあった。一つは、社交的な感覚の違いである。他者を食事に招きながら、招いた本人がダイエット・コークしか注文しないなら、招かれた客は、「好きなものを注文していい」と言われても、気兼ねして好きなものを注文しづらいではないか。招待者は客のそんな気持ちを「忖度」してしかるべきではないか。これは「常識」とまで言えるかどうかは分からないが、少なからざる人々が感じるところだろう。リバタリアンとしての彼は、単に個人の選択の自由を重視していただけで、私を気兼ねさせる意図などなかったとは思う。「忖度」を要求するのは日本人の悪徳だと非難されるかもしれない。

それでも私は「気兼ね」を払拭できず、メニューの中に食指の動く料理が種々あったが断念し、安いハンバーガーを一つ注文するだけにした。政治哲学としてではなく、生活感覚としてのリバタリアニズムについて、私はこのときノージックから実物教育を受けた気がした。それと同時に、気兼ねしてハンバーガーしか注文できない自分は、生活者としてはリバタリアンになれない人間だと自覚した。

しかし、今にして思うと、ノージックの前で、遠慮したとはいえ、サラダではなく分厚いビーフのパテをはさんだハンバーガーをぱくついた私は、彼の「菜食主義的感性」を付度せず、「肉食男子」としての自己を貫いたわけで、結構、リバタリアン的に振る舞っていると彼には映ったかもしれない。

彼の応答に当惑したもう一つの理由は、これが本稿の論題と直結するのだが、彼の食生活に対する心配である。ノージックの著書のカヴァーに載った「著者近影」では、彼は「スレンダーでカッコイイ哲学者」のイメージだが、これは若かりし頃の写真で、私が会った五〇歳になるちょっと前くらいの彼は、依然カッコイイが中年太りしていた。

菜食主義者にはチーズやスイーツを好む人が少なくない。その上、酒もタバコもやらないとなると、甘党的嗜好はさらに強まり、太りやすくなるのだろう。実際、ダイエット中だから、サラダで済ますというならまだしも、ダイエット・コークを注文するというのは、彼の場合、甘党的嗜好が相当強いことを推察させた（因みに、同じくハーヴァード大学哲学科のトーマス・スキャンロンも菜食主義者だが、彼とファカルティ・クラブで昼食を共にしたとき、彼はサラダだけを注文していた）。

私は、「こんな食生活をしていて、この人は大丈夫だろうか」と思った。ダイエット・コークは、甘くても糖分が少ないからいいということかもしれないが、有害性が指摘されているリン酸塩を添加物として含むらしい。それに、ダイエット・コークだけの昼食では、栄養バランスが崩れるだけでなく、足りない栄養を補充しようとして体の栄養吸収能力が高まり、かえって太りやすい体質になる。

もちろん、リバタリアンのノージックにとっては、私のこんな心配は「余計なお世話」だろう。私もそれを口に出しはしなかった。しかし、不幸にも、そして惜しくも、私の直感が当たったのか、彼はまだ老年と言うには早すぎる六三歳で、胃癌で亡くなった。彼が胃癌になった原因を知る立場にはないが、「酒もタバコもやらない菜食主義者」だからといって、健康で長生きできるとは限らないことの一例である。

これとは対照的に、哲学者バートランド・ラッセルは「肉食系」であるだけでなく酒もタバコ（特にパイプタバコ）も愛したが、九七歳まで生き、九〇歳を過ぎた晩年も著作を刊行していた。一〇六歳まで矍鑠（かくしゃく）・飄々（ひょうひょう）と生きた国文学者、物集高量（もずめたかかず）は愛煙家として有名で、亡くなる直前までゴールデンバットのチェーン・スモーキングをしていた。二〇一七年四月三〇日に世界最高寿命一四六歳で亡くなったインドネシア人男性ソディメジョさんも、ヘビー・スモーカーで、死の一カ月前まで病気知らずだったという[8]。

要するに、癌や他の病気と喫煙との統計的相関性について、いろいろ言われているが、喫煙と健康の関係はきわめて複雑である。「非喫煙者の方が喫煙者より健康で長生きできる」という単純な一般命題が、まるで既に科学的に異論の余地なく実証されたかのように論じる喫煙規制強化論者がいるが、これは科学の名を借りた独断にすぎず、喫煙規制の政治力学を超えた科学的客観性という見地からは、異論の余地はなお大きいのである[9]。

いずれにせよ、私個人に関しては、一日一本の葉巻の充足的愛用は、身も心もリラックスさせてくれ、中高年になって増大する一方の諸々の公的・私的責任から生じるストレスの負荷を軽減してくれた。

〔井上達夫〕

4　第四幕——一病息災の摂生者

敵は思わぬところから出現した。若い頃低血圧気味だった私が、加齢とともに高血圧になった（世の中の不条理に怒り続けたためだと、半分本気で思っている）。還暦前後から循環器系の治療で有名な病院に通い始め、副作用の心配からはじめ抵抗していた降圧剤も、高血圧状態が長く続くと動脈硬化を起こすと言われて、服用するようになったが、そのうち不整脈も出るようになり、心房細動と診断された。

特に症状が現れたわけではなかったので、「血液サラサラ」にする薬を服用して経過を観察した。ところが、二〇一八年一一月、六四歳のとき、問題が起こった。このとき日本法哲学会学術大会が東京大学で開催され、会場校責任者として大会の準備運営で奔走したが、学術大会が無事終わった後、ＴＩＡ（一過性脳虚血発作）に見舞われた。文字通り一過性で大事には至らなかったが、要注意状態となり、その後、細かい経緯は省くが、二〇一九年三月に心房細動治療のためカテーテル・アブレーションを受けた。

心房細動は一旦収まったが、再発の可能性もある。それが脳梗塞などを招来するリスクを低減するためには、動脈硬化を抑止する必要がある。そのために、禁煙が強く勧告された。飲酒についてもできれば止めた方がいいが、難しいなら従来以上に自制的に節酒するよう言われた。喫煙と健康との関係に関する上記のような見解を私は一般論としてはなお保持しているが、私という個人が現在置かれている個別事情の下では、医師のこの勧告に従う理由はあると判断した。リスク評価に誇張があったとしても、「安全な方に間違えること（To err on the safer side）」という古来の知恵に従うがよしと考えたのである。

禁煙・禁酒が望ましいと言われても、両方を同時に実行すると、ストレスが暴走しそうである。そこで、充足的葉巻愛用者としての生活に見切りをつける一方で、飲酒については、酒量を大きく減らし週半分以上は休肝日にして、自制的節酒者として自己を規律しながら嗜み続けることにした。葉巻については、どのみち退職後は経済的理由からも喫煙頻度を大幅に減らすか、止めることにするつもりではいたので、かねてからの方針を前倒しで実施するいい機会を得たという感じでもあった。

健康リスクとの私のこのような向き合い方は、あくまで、私個人の現時点における個別事情とリスク選好に依存している。「冒険的人生」を送るか、「石橋を叩いて渡る」生き方をするか、「期待利益最大化」という「中庸の道」を選ぶかというような個人のリスク選好は、科学的合理性の問題というより、人生観の問題である。私が心房細動を患った後で葉巻を止めた理由である「安全な方に間違える」という考え方も、結局は私の人生観、哲学的用語で言えば「善き生の構想（a conception of the good life）」に根ざしている[10]。

「敵は思わぬところから出現した」と言ったが、私を襲ったＴＩＡは、「井上よ、君はまだ若いつもりでいるようだが、加齢という自己の心身の条件の変化を直視して従来の生活スタイルを見直しなさい」と、我が守護霊が私に送ったメッセージではないか、「見えざる敵」ではなく「見えざる友」の忠告ではないかとも思っている。「一病息災」という言葉を人々が使うのも、こんな思いがあるからだろう。厳密に言うと、私の場合は「数病息災」だが、細かいことは別にして、疾患を契機にして充足的葉巻愛用者を止めた私は、いま自分を「一病息災の摂生者」とみなしている。

後篇　喫煙者と非喫煙者の公正な共生のために

5　分煙の正義

(1)　反卓越主義と危害原則——基底原理としての正義概念

以上、喫煙との関わりに即して、我が人生の歩みを回顧した。この歩みを「喫煙人生劇場」と呼んだのは、別にふざけたわけではない。実際、私の人生は、四幕物として描いた四つの位相が示すように、喫煙との付き合い方において、青少年期から現在の初老期に至るまで、きわめて「劇的」な変化を経てきたのである。それが示すように、私は喫煙者の観点も、非喫煙者の観点も理解できるつもりである。分煙は、いずれの観点からも受容しうる、また受容すべき両者の公正な共生の枠組だと思う。理由は二つある。

第一に、喫煙が喫煙者の健康のみならず人生全体に及ぼす影響をどのように評価するかは、各個人の「善き生の構想」という価値観の問題である。「非喫煙者は喫煙者よりも健康で長生きできる」という一般命題すら科学的に立証されているわけではないし、ましてや「非喫煙者は喫煙者より善き人生を送れる」という命題を科学が立証できるわけがない。喫煙するか否か、どんなタバコをどれだけ喫煙するかは、個人の善き生の構想の問題であるがゆえに、多様な善き生の諸構想を追求する人々の公正な共生の枠組として正義を捉えるリベラリズムの立場からは、基本的に個人の自己決定に委ねられるべきである。

特定の善き生の構想を国家が強要する「卓越主義（perfectionism）」を斥けるこのリベラルな立場は、対立競合する「正義の諸構想（conceptions of justice）」の一つではなく、それらに通底する共通制約原理たる「正義概念（the concept of justice）」、すなわち、普遍化不可能な差別の排除の要請によって擁護することが可能である。

正義概念の普遍化要請は、自己の他者に対する要求が自己の視点のみならず他者の視点からも拒否できない理由によって正当化可能か否かを自己批判的に吟味することを、自己と他者双方に要請する「視点の反転可能性（perspectival reversibility）」テストを含意し、自己の善き生の構想を、自己と異なる善き生の構想を追求する他者に公権力によって強要するのは、このテストに反するからである[11]。

第二に、受動喫煙被害については、その危害性の程度・リスクがどの程度のものかについては論争がある。副流煙被害を強調する「平山疫学」に対しては専門家の異論もある[12]。

しかし、受動喫煙被害を誇張するのも問題だが、それを全否定するのも独断の誹りを免れないだろう。個人の自由に対する法的・社会的統制が許されるのは、他者に対する危害を抑止するのに必要なとき、かつ、そのときのみであるというジョン・ステュアート・ミルの「危害原則（the harm principle）[13]」は、喫煙の自由にも当然適用可能である。

ただ、ミル自身が強調しているように、危害原則は、あくまで、他者に対する危害の抑止を自由制約の正当化根拠とするものであって、自己自身に危害を加えること（自己危害）から個人を救済するという理由で個人に対し強制・干渉を行うパターナリズムは排除している。このパターナリズム排除の要請は、ある個人Xの行為がもたらしうる危害から公権力が救済すると主張する他者Yについても貫徹される。YがXの行為を受容しているのに、公権力がXの行為はYに危害を加えることを理由に、YによるXの行為の受容を禁じる規制を行うのは、Yを自己危害から救済するという口実でYに強制・干渉を加えるパターナリズムであり、これは危害原則に反している。

他者危害抑止の要請はあくまで、他者に対し、その意思に反して危害を加えることの抑止である。このことは、危害原則により正当化可能な分煙規制が、あくまで、望まない（自己の意思に反した）受動喫煙の防止に限定されることを意味する。

〔井上達夫〕

このように、危害原則は、危害自体の排除を求めているわけではない。その根本的な狙いは、他者をその意思に反して傷つけてその自由を侵害しないよう、諸個人に相互的な自制を課すことで、価値関心や利害の対立する諸個人の自由が両立しうる公正な共生の枠組を設定することにある。

諸個人の自由を公正に両立させる共生枠組の根本原理をなすのは、反卓越主義の場合と同様、自己と他者の普遍化不可能な差別を排除する正義概念である。自己の自由の尊重を求める者は、他者の自由も同様に尊重しなければならない。喫煙者の喫煙の自由も、この正義の普遍化要請に制約されるから、非喫煙者の喫煙しない自由、すなわち、その意思に反して受動喫煙させられない自由と両立可能な仕方で行使されなくてはならない。同様に、非喫煙者もまた、喫煙しない自由への自己の要求は、喫煙者の喫煙する自由の尊重を含意することを理解し、望まない受動喫煙からの自由を超えて、喫煙者の喫煙行為自体を排除しようとする欲動を自制する必要がある。

望まない受動喫煙の防止としての分煙規制は、危害原則の根底にあるこの正義の観点から要請される。

(2) 分煙規制の民主的正統性保障——「目的を欺く手段」の批判的統制

しかし、分煙という目的自体はよしとしても、「分煙のための規制手段」として何が適切かは問題である。分煙目的のために合理的に必要とみなせる程度を超えて、過度に喫煙の場所や設備に制限を設ける規制手段は、「分煙」を看板にして実際には、「排煙」、つまり、喫煙そのものの排除、喫煙の自由の制限ではなく喫煙の禁止を狙うものであると言える。

この問題を考えるために、厳格な違憲審査基準の一つとして使用されているLRA基準(「より制約的でない他の手段(Less Restrictive Alternative)」の基準)が参考になる。これは、規制目的を実現するために、規制対象たる自由への制約がより小さい他の手段が存在するにも拘わらず、不必要に制約的な規制手段を採用する規制立法は違憲であるとする基準である。

LRA基準については、二つの点が重要である。第一に、それは規制目的と規制手段との単なる合理的関連性を要請するものではない。ある規制立法Rの立法目的P_rと規制手段M_rとの間に、一応の合理的関連性が推定されても、P_rを実現するために自由制約性のより小さい他の手段M_aがあることが示されるなら、Rは違憲とみなされる。したがって、これは二段階審査制（two-tier scrutiny system）――日本では「二重の基準」論というミスリーディングな名称で呼ばれてきた違憲性審査基準段階化論――においては、緩い合理性審査基準ではなく、合憲性テストのハードルをはるかに高くする厳格審査基準である。

第二に、ＬＲＡ基準は、立法目的の審査ではなく規制手段の審査とみなされることが多いが、これは誤解である。ＬＲＡ基準が規制手段を厳しくチェックするのは、規制目的をチェックするのが真の狙いである。

規制立法Rがその立法目的P_rを実現するために、自由制約性の少ない代替的手段M_aがあるにも拘わらず、不必要に制約的な規制手段M_rを採用している場合、Rは建前に掲げているP_rとは別の「隠された目的（hidden purpose）」――これをP_hとしよう――を実現することを政治的動機にしていると考えられる。このP_hは、P_rほど広範な正当性承認を得ることは難しいため、それを建前に掲げると民主的立法プロセスにおいて採択される見込みが乏しいので、隠されているのである。

これはRの真の政治的目的P_hに対する民主的立法プロセスにおける批判的チェックを回避する工作である。ＬＲＡ基準は、このような政治的工作を排除し、真の規制目的P_hを吐き出させることで、これに対する民主的統制を確保することを狙いとしている。(14)

ＬＲＡ基準は、違憲審査基準として提示されてきたもので、上記の第一点はまさに違憲審査基準としての特性に関わる。しかし第二点として挙げた特性は、ＬＲＡ基準が、アメリカ合衆国憲法や日本国憲法といった特定の実定憲法の解釈学的基準を超えて、民主国家一般における規制立法の正統性基準としての原理的妥当性をもつことを示す（立法の「正統性」とは単なる「正当性」ではなく、立法を不当とみなす者にも敬譲を要求できる立法の規範的権威のことであり、民主的プロセスによる批判的チェックはその一条件である）。ある規制立法が民主的プロセスを経て採択されたとしても、そのプロセスで審査されない隠れた規制目的を動機として運用されるなら、当該規制立法の民主的正統性は掘り崩されるからである。

このような規制立法の民主的正統性原理として再解釈されたＬＲＡ基準を、法哲学的ＬＲＡ基準と呼ぼう。その意義は以下のように定式化できる。

〈法哲学的ＬＲＡ基準〉　規制立法は、それが明示する規制目的を、それが採用する規制手段よりも自由制約性のより少ない他の手段で実現できる場合、明示された規制目的とは異なる隠れた目的を追求する不公正な政治的策略とみなされ、民主的正統性を失う。

以下、この法哲学的ＬＲＡ基準の観点から、いまの日本の喫煙規制の在り方を批判的に再検討しよう。

6 「分煙」の仮面をつけた「排煙」

(1) 改正健康増進法と東京都受動喫煙防止条例の規制目的と規制手段

喫煙規制として、国法の改正健康増進法（健康増進法の一部を改正する法律）、そしてそれを受けて規制をさらに強化する東京都の受動喫煙防止条例が、本年（二〇二〇年）四月一日より全面施行されることになった。いずれも分煙を規制目的に掲げているが、規制手段は分煙目的によって正当化できる範囲を超えた制約性をもち、法哲学的ＬＲＡ基準に抵触すると判断せざるを得ない。本法と本条例の規制手段についてまず見ておこう。

改正健康増進法の規制は以下の通りである。

①　多数の者が利用する施設、旅客運送事業の船舶・鉄道、飲食店等の施設では、屋内は一定条件に従って設置された喫煙室以外は禁煙とされる（法二九条一項二号、五号、三三条）。

②　学校、病院、児童福祉施設、旅客運送事業の自動車・航空機については、屋内完全禁煙で、屋外には一定の条件に従った喫煙場所の設置が認められる（法二九条一項一号、四号）。

③　シガー・バー、たばこ販売店など喫煙をサーヴィスの目的とする施設（喫煙目的施設）は屋内の全部または一部を一定条件に従って喫煙目的室にできる（法二八条七号、二九条一項三号、三五条一項、三項一号）。

④　資本金五〇〇〇万円以下、客席面積一〇〇平米以下の経営規模の小さな飲食店（既存特定飲食提供施設）では、当面の猶予措置として、屋内の全部または一部を一定条件に従って喫煙可能室にできる（法附則二条一項、二項）。

⑤　喫煙可能設備をもった施設は、「喫煙専用室あり」、「加熱式たばこ専用喫煙室あり」、「喫煙目的室あり」、「喫煙可能室あり」――後二者は喫煙専用ではなく飲食しながらの喫煙が可能――等の区別に応じて指定された標識の掲示が義務付けられる（法

三三条二〜七項、三五条二項、三項、三七条、附則二条一項、附則三条）。

⑥　喫煙可能設備をもった施設の管理権者は、二〇歳未満の者を、客だけでなく従業員についても、屋内・屋外を含めた喫煙エリアに立ち入らせてはならない（法三三条二項二号、三五条二項二号）。

東京都受動喫煙防止条例では、改正健康増進法の規制が基本的には継承されているが、次の二点でこれをさらに強化している。

⑦　改正健康増進法の②にあたる施設のうち、保育所・幼稚園、小中高の学校、特別支援学校、高等専門学校、およびこれらに準じる施設については、屋外の喫煙場所も設置しない努力義務が管理権限者に課される（条例九条四項）。

⑧　改正健康増進法の④にあたる既存特定飲食提供施設については、賃金を支払う従業員のいない施設（「都指定特定飲食提供施設」）であることが、④が認める喫煙可能室——喫煙専用室や指定たばこ専用室ではなく、屋内の全部または一部で飲食しながら喫煙できる施設環境——の設置の条件に付加される（条例二条六号、八条一項）。

改正健康増進法は受動喫煙防止に関わる第六章の冒頭二五条から二五条の三までの条文で規制目的を掲げているが、二五条と二五条の二では「望まない受動喫煙が生じないよう」、二五条の三の一項では「望まない受動喫煙を生じさせることがない場所とするよう」という文言で、規制目的があくまで「望まない受動喫煙の防止」であることを明言し、執拗なまでに反復強調している。東京都受動喫煙防止条例は第一条で、「都民が自らの意思で受動喫煙を避けることができる環境の整備を促進することにより、受動喫煙による都民の健康への悪影響を未然に防止することを目的とする」と明言している。

改正健康増進法（以下、国法と略記）の「望まない受動喫煙の防止」、東京都受動喫煙防止条例（以下、都条例と略記）の「自らの意思によらない受動喫煙の回避」という規制目的は、それだけを見るなら、喫煙者と非喫煙者双方にとって、上述したような両者の公正な共生の枠組たる分煙の正義に適い受容可能である。喫煙者は、喫煙・非喫煙についての選択の自由を行使して喫煙を選択する以上は、非喫煙者にも、同様な選択の自由を行使して自己の意思によらない受動喫煙を回避する可能性を保障しなければならない。しかしまた、非喫煙者も、非喫煙を選択する自己の自由は、喫煙を選択する喫煙者の自由の承認を含意し、喫煙者に喫煙させない自由ではなく、後者の喫煙する自由を不必要に制約しない範囲で受動喫煙の防止を要求できる権利にとどまることを承認しなければならない。

国法と都条例の規制目的は以上のように解されるなら、喫煙者・非喫煙者双方の視点から公共的正当化可能性を承認されうるし、この国法と都条例は、非喫煙者のみならず喫煙者に対しても自らの公共的正当化可能性の承認を要求している以上、それが掲げる規制目的はこのような意味での公正な分煙の枠組を設定することにあると解されなければならない。

(2) 分煙目的のためのより効果的で公正なＬＲＡ
——国法・都条例の基本指針の欺瞞性

しかし、上記の①から⑧までの規制手段を見るなら、国法と都条例は、かかる公正な分煙枠組を確保する目的を実現するためには不必要な仕方で、喫煙の自由を過度に制約している。「望まない（自己の意思によらない）受動喫煙の防止」のために、このような規制手段よりも喫煙の自由に対する制約性の小さい他の代替的手段が存在するにも拘わらず、かかる規制手段をあえて採用している点で、既述の法哲学的ＬＲＡ基準に反する。

上記規制手段は、基本方針は①であり、②はそれを一部施設について例外的に強化し、③と④はそれを一部施設について例外的に緩和し、⑤から⑧は、①から④に対してさらに細かな留保・制約を付すという構造になっている。基本方針の①は、一見、喫煙者と非喫煙者の公正な分煙枠組を設定しているかに見え、この①の規制を②で例外的に強化する一方で、③と④で例外的に緩和しているから、全体としても喫煙者・非喫煙者双方に公正な配慮をしているかに見えるかもしれない。

しかし、これはまったくの誤解である。そもそも基本方針の①が法哲学的LRA基準を既に侵犯している。屋内では一定の喫煙室以外は禁煙という規制をすべての施設に原則として課すことは、分煙目的実現のためには不必要である。

例えば、新幹線は、狭くて飲食もできずに数分だけ立ちっぱなしでしか喫煙できない専用喫煙室が設置されているが、一日に一〇〇本前後――JRのドル箱である東海道新幹線の「のぞみ」だと、普段の平日で一六四本、臨時便を入れると、二〇一九年の一日平均は二三〇本――も走る便の一割でも、全車両喫煙の便にすれば、喫煙者は非喫煙者に「望まない受動喫煙」をさせる心配をすることなく、ゆったりと、座席に座ってビール片手に喫煙を楽しめるだろう（どれが全車両喫煙便かを明示する必要があるのは当然で、それを知った上で、あえてその便を利用する非喫煙者は「望まない受動喫煙」をしているわけではない)。

日本人の喫煙者率は二〇一八年で一七・九%と言われるから、この便の割合はそれに合わせたものにし、喫煙者率がさらに減ればそれにあわせて漸次減らすというのが、ダイヤ調整上可能なら、もっと望ましいだろう。全車両喫煙便の時間帯配分については、毎時間一本とか、利用頻度の高い時間帯に本数を増やすといった工夫をすれば、便選択の不便は回避できるだろうし、いずれにせよ、喫煙者にとって喫煙可能な空間と時間の総量は増大し、何よりも喫煙方法の快適さが飛躍的に向上するだろう。

この方法は喫煙者にとって望ましいだけではない。便の八割から九割は、専用喫煙室すらない完全禁煙列車になるわけだから、「潔癖な非喫煙者」——専用喫煙室のドアの開閉時にタバコの「臭気」が少し漏れ、それすらいやだというような人々——も少なからず含む非喫煙者にとっても、不便がないどころか、全便に専用喫煙室が付く方法より望ましいはずである。

これらの全車両喫煙列車の乗務員には、自ら喫煙者であるか、非喫煙者でも受動喫煙を嫌がらない者を割り当てればよい。全車両喫煙列車の比率を日本人の喫煙者比率に一致させるのなら、その勤務需要を満たすくらいの喫煙者は乗務員にもいるだろう。それで足り

〔井上達夫〕

なければ、非喫煙乗務員で全車両喫煙者乗務を忌避しない者を募るか、それでも足りなければ、調達可能な乗務員数の制約に応じた便数を提供すればよい。完全禁煙列車、全車両喫煙列車、専用喫煙室付き列車を、適宜組み合わせて、喫煙志向と嫌煙志向の程度に差のある多様な利用者のニーズに応える方法もある。

要するに、喫煙の時間・空間・方法を窮屈に限定する専用喫煙室設置という方法よりも、喫煙者の喫煙の自由をよりよく尊重し、非喫煙者の受動喫煙防止をより効果的に実現できる分煙方法はいろいろある。それにも拘わらず、狭いブースに喫煙者を閉じ込め、まるで「用を足す」かのようにあわただしく喫煙をすませて出てこさせるような専用喫煙室方式を一律に強制するのは、喫煙環境を不便・不快にすることによって喫煙を不必要に妨害するものである。さらに、「御不浄」と呼ばれるトイレのように、「不衛生な場所」として「清浄空間」から隔離された密閉空間で排泄でもするかのようにさもしく喫煙する姿を喫煙者にとらせることにより、彼らに「社会の黴菌」のような烙印を押し付け、喫煙者に対する社会的な偏見・差別を助長することにもなる。これは「分煙」の名を借りた「排煙」に他ならない。

飲食店についても同様である。シガー・バーのような「喫煙目的施設」と認定された店や、「既存特定飲食提供施設」――都条例の場合は「都指定特定飲食提供施設」――と認定された小規模店以外のすべての店に、専用喫煙室設置を義務付け、客は、この喫煙室の中でしか喫煙できない、しかもそこでは喫煙しかできないというような規制手段は分煙目的からは全く不必要な仕方で喫煙の自由を侵害するものである。

飲食店について、喫煙の自由を不必要に制約することなく、「望まない（自己の意思によらない）受動喫煙」を、もっと公正かつ効率的に防止する単純な方法がある。それぞれの店に、「全店完全禁煙」、「飲食席全面禁煙で喫煙は専用喫煙室のみにて可」、「禁煙飲食席・喫煙飲食席別室分煙」、「禁煙飲食席・喫煙飲食席同室内分煙」、「全店喫煙可」等の分煙ポリシーを選択させ、それを客に事前に明示することを義務付け、明示された通りの店内環境になっているかどうかを当局がモニターするだけでいい。

⑤が課す標識掲示義務は、①から④によってどの施設がどの標識を選択できるかが不当に限定されている点で問題があるが、分煙ポリシー選択権を経営者・施設管理権者に認めた上で、選択したポリシーを顧客・利用者に明確に事前通知する標識掲示を義務付けるのは正当である。それによって、客は、自己の喫煙選好・嫌煙選好に応じて、分煙ポリシーを異にする様々な店から自分にあったものを選択できるから、喫煙者が喫煙の自由を侵害

されたと主張できないのと同様、非喫煙者も望まない受動喫煙を強制されたと主張することはできない。

いまの日本の喫煙者率が一八％以下だという現状を考えれば、この制度の下では、一般に、飲食店経営者がより多くの客を得たいと思えば、より「非喫煙者優先的」な分煙ポリシーを採るだろうから、非喫煙者が自らの飲食店選択肢の範囲が不当に縮減されたなどと文句を言う筋合いはない。選択肢の範囲をより狭く縮減されるのは喫煙者の方だが、彼らも、喫煙者の需要の強度に応じて飲食店経営者にとって採算可能なレベルのサーヴィス供給は受けられるだけでなく、専用喫煙室設置の一律強制よりもはるかに快適な喫煙環境の飲食店の選択肢が残されるから、やはり、文句を言う筋合いはない。

以上、旅客列車と飲食店について、国法・都条例よりもはるかに効果的でかつ公正な分煙規制のＬＲＡ（より制約性の少ない代替手段）を例示した。この二つの例を、一応、「旅客列車モデル」と「飲食店モデル」と呼ぼう。これらはあくまで例示にすぎず、「多数の者が利用する施設」は様々あり、それらの施設の使用目的や設備構造に応じて、様々な方法が考え得るだろう。旅客列車や飲食店についても、もっと優れたＬＲＡがあるかもしれない。

しかし、この二つのモデルは、多様な施設の性質に応じて、そのヴァリエーションや組み合わせを考えたり、その欠点が発見されたら改善を試みたりすることを通じて、喫煙者と非喫煙者の公正な共生を保障する分煙方法を探究するための「第一近似（the first approximation）」的な指針にはなるだろう。

例えば、映画館や劇場については、同じ作品を一定期間に亘って何回も上演することが通例だから、「列車モデル」を応用して、全上演回数の一〜二割を全席喫煙可とすることもできよう。シネマ・コンプレックスのような上演室が複数ある映画館については、室数が一〇室以上あるなら「飲食店モデル」の選択肢の一つを応用し、一、二室だけ喫煙視聴室にしてその中で多様な上映中作品を異なった時間帯に観賞できるようにする方法を使えるだろうし、上演室が複数でも数が多くない場合は、「飲食店モデル」と「列車モデル」を組み合わせて、上演室の一部を一定期間だけ喫煙可能観賞室にすることも考えられる。

要するに、「望まない（自己の意思によらない）受動喫煙」を防止するためには、国法・都条例の規制手段よりも、利用者と経営者の自由に対する制約性がはるかに少なく、より効果的で、かつ喫煙者・非喫煙者双方にとって公正な代替的分煙手段は多くある。基本方針①自体が既に法哲学的ＬＲＡ基準を侵犯しており、「分煙」の仮面をつけた不公正な

「排煙」の政治的策略だと言わざるをえない。

より効果的かつ公正な代替的分煙手段は色々あると言ったが、その選択は、喫煙者需要と非喫煙者需要を踏まえて顧客の要望と経営利益のバランスを図る経営者の工夫と判断や、施設の目的と運営管理コスト負担能力の制約の下で喫煙者・非喫煙者への利用機会の公正な配分を図る施設管理権者の工夫と判断に委ね、国や自治体の規制当局には、経営者・施設管理者が選択した分煙システムが「望まない（自己の意思によらない）受動喫煙」を防止しえているかどうかをモニターし、欠陥があれば是正命令をできる権能だけを付与すればよい。もちろん、かかるモニタリング権限を規制当局が適正に行使しているか否かも、ＬＲＡ基準に照らしてチェックされるべきである。

(3) 基本指針の例外的緩和・例外的強化の無用性と無根拠性

以上見たように、基本方針①が受容不可能である以上、その規制を例外的に緩和すると標榜する③と④も不要である。特に、④は別の法律ができるまでの暫定的な猶予措置に過ぎず、例外的緩和にすらなっていない。況や、この猶予措置の例外的扱いをさらに例外的に狭める都条例⑧の「賃金支払いのある従業員がいないこと」という追加条件は、「自己の意思によらない受動喫煙の防止」という都条例の目的にも公然と反するものである。

④に該当する飲食店の有給従業員には喫煙者も多いだろう。嫌煙権を主張したい非喫煙者は、上述したように市場の論理で非喫煙者優先的ポリシーを採用する飲食店の方が多いのだから、その店が嫌なら他の店で働く機会は十分開かれている。それにも拘わらず、その店で働き続けることを望む非喫煙従業員は、喫煙者顧客が多いその店が、何らかの理由――店の雰囲気がいい、常連顧客たちと仲がいい、自分の技量を発揮できる、給料がいい、職住接近、勤務形態に融通がきく、などなど――により、勤務先として自分の選好に合致しているのである。彼らは、⑧の規制のために、喫煙者の多い常連顧客が来店しなくなること、さらにはそれでその店が経営悪化しつぶれてしまうことに反対するだろう。

⑧は「従業員保護」の仮面をつけているが、実態は分煙目的では正当化できない不公正な規制で小規模飲食店の経営を圧迫し、その従業員から彼らの好む勤務先を奪うという、まったく余計で、不公正なパターナリズムである。

②は、基本方針①の規制を学校、児童福祉施設、病院、旅客運送事業の自動車・航空機について例外的に強化し、屋内完全禁煙で喫煙場所の設置を屋外に限っているが、その規制強化が受動喫煙防止の手段として必要不可欠かどうかは疑わしい。

学校、児童福祉施設については、異論の余地がないわけではないが、生徒・児童とその親の施設選択上の制約や子供一般の選択能力の未熟性という見地からなされる保護措置として、専用喫煙室内の喫煙のみ許可する規制は一応穏当だろう。しかし、喫煙場所を屋外にしか認めないのは根拠がない。子供の受動喫煙防止という目的のためには、専用喫煙室の設備条件を厳格化すれば十分で、喫煙場所が屋内か屋外は無関係である。校舎の外の校庭や裏庭も子供の遊び場所になるのである。

都条例の⑦は保育所・幼稚園、小中高の学校、特別支援学校、高等専門学校等については、屋外の喫煙場所も設置しない努力義務を管理権限者に課しているが、子供の受動喫煙防止の手段としてはさらに不必要な規制である。その真の狙いは、喫煙する大人の姿を子供に見せないこと、喫煙行為は「子供が見てはいけない、大人になっても真似してはいけない」社会的な悪徳だというメッセージを子供に植え付けること、要するに「排煙教育」にあるとしか思えない。

しかし、これは教育目的からいっても自壊的である。社会には喫煙者と非喫煙者がいること、それぞれが相手の自由を尊重して公正に共生するために分煙のマナーを守るのが必要であることを教えるのが、すなわち、まさに「分煙教育」をするのが、学校の任務である。そのためには、分煙のマナーを守って喫煙する大人の姿をみせることこそが必要なのである。⑦は、セックスを恥ずべき行為とみなし、性教育を学校から排除して、避妊・性病感染防止などについて無知・無頓着な青少年の放縦な性行動を結果的に助長した旧来の固陋な教育者たちの実践と同じ反動的・自壊的な規制である。

選択能力の未熟な子供の保護という観点との関連で言うと、⑥の例外的規制強化も問題である。⑥は、喫煙可能設備をもった施設であっても、二〇歳未満の者は、客だけでなく従業員も、屋内・屋外を含めた喫煙エリアに立ち入らせないことを管理権者に義務付けている。一八歳で選挙権を行使できるのに、喫煙エリアには二〇歳になるまで立ち入らせないというのは全く馬鹿げている。政治についての判断能力よりも、喫煙についての判断能力は成熟が遅いなどというのは、喫煙規制の是非も政治的判断の問題であることを考えるなら、噴飯ものの自己矛盾である。

労働市場に参加する年齢の若者には、分煙ポリシーや他の勤務条件を勘案して、勤務先を自分で選択する権利を承認すべきである。⑥は、未成年者保護のつもりだろうが、この規制のために中卒・高卒で一〇代から働き始める若者は「使いでが悪い」ということで、使用者に採用を控えさせたり、賃金を低くして彼らの搾取を合理化する口実を使用者に与

〔井上達夫〕

えたりし、保護しているつもりの未成年労働者の境遇をかえって悪化させるのである。

②の問題に戻ると、病院については、患者の受動喫煙を防止する医学的必要性が病院では特に高いという点を認めるとしても、そこから正当化できるのは、厳重な副流煙漏出防止装置を備えた専用喫煙室内に喫煙場所を限定することであり、それが屋内か屋外は無関係である。実際、スマホのような携帯電話が発する電磁波は、医療機器を体内に埋め込んだ患者に有害な影響を与えることがかつて指摘されたが、現在では患者の身体から離せば影響は無視できるほど小さいとして、通話以外のスマホ使用は病院屋内でも許容されているのが一般である。それと比べても、病院に関する②の規制は著しく権衡を失する。

旅客運送事業の自動車・航空機については、なぜ、鉄道や船舶以上に規制強化し屋内全面禁煙にすることが必要なのか、根拠がまったく不明である。特にタクシーについては列車モデルに従い、喫煙可能車と禁煙車を分けるだけでいい。航空機については安全上、機内全面禁煙にする必要が列車の場合よりもあるというならまだ分かるが、日本航空と全日空が機内全面禁煙にしたのは、一九九九年四月である。機内喫煙が事故原因として危険性の高いものだったとすれば、もっと早く禁止されていたはずである。機内は密室だから非喫煙者の「望まない受動喫煙」を防止するために機内全面禁煙が必要だというなら、列車モデルに従い、禁煙便と喫煙可能便を分けて利用者に選択させるだけで十分である。

(4) 国法・都条例の違憲性

以上見たように、国法・都条例は、分煙の正義の観点からも正当な「望まない（自己の意思に反した）受動喫煙の防止」という規制目的を掲げながら、この目的からは全く正当化不可能な、不必要に制約的で効率性・公正性にも反する規制手段を採用している。両者は既述の法哲学的ＬＲＡ基準に反し、正当かつ広く受容されている「分煙」の仮面によって、不当な「排煙」規制を隠す欺瞞的な悪法であり、民主的正統性欠損を孕む。

法哲学的ＬＲＡ基準は、米国や日本の実定憲法の解釈論において提示される違憲審査基準としてのＬＲＡを、民主的正統性保障原理として一般化したものである。それが示すように、これまでの議論は、国法・都条例の民主的正統性欠損だけでなく、日本国憲法の下での両者の違憲性も含意している。

日本国憲法一三条は「すべて国民は個人として尊重される。生命・自由及び幸福追求に対する国民の権利については、公共の福祉に反しない限り、立法その他の国政の上で最大の尊重を必要とする」と定めるが、そこに挙げられた「生命・自由及び幸福追求に対する国民の権利」は、喫煙者の喫煙する自由と非喫煙者の喫煙しない自由をともに含んでいる。

もちろん、これらは「公共の福祉」の制約に服するが、この「公共の福祉」は、戦後憲法学の通説となった宮沢俊儀の内在的制約説が示すように、憲法が保障する基本的人権を超越した価値ではなく、基本的人権相互の衝突を衡平に調整する原理である[15]。喫煙者の喫煙する自由と、非喫煙者の喫煙しない自由はいずれも憲法一三条が保障する基本的人権であり、両者の衝突を衡平に調整するために両者を制約する「公共の福祉」を具現するのが、望まない受動喫煙防止のための分煙規制である。国法と都条例は、表面的には憲法が許容するこのような分煙規制を目的として掲げながら、この目的からして不必要に喫煙者・非喫煙者双方の自由を制約する規制手段を採用しており、違憲審査基準としてのLRAに照らして、憲法一三条に反し違憲とみなされる。

また、日本国憲法二二条一項が保障する「職業選択の自由」と二九条一項が保障する「財産権」は両者相俟って「営業の自由」を含意すると解されている。確かに、これらの自由も公共の福祉の制約に服することは、二二条一項および二九条二項で明言されている。国法・都条例は、飲食店や交通機関など、多数者が利用する施設・サーヴィスを提供する業者の営業の自由をも厳しく規制しており、かかる規制を正当化する憲法的根拠は「公共の福祉」に求められる。

しかし、ここでも、「公共の福祉」は、喫煙規制に関する限り、憲法一三条の場合と同様、喫煙者・非喫煙者両者の人権の衝突を衡平に調整する「望まない受動喫煙防止」の要請として解されるべきである。この要請の枠を超えて営業の自由を不必要に制約する国法・都条例は、憲法二二条一項と二九条一項・二項に反し、違憲である。

なお、私のこのような憲法解釈を擁護するためには、私が内在的制約説の何を支持し、何を支持しないかについてもう少し説明する必要があるだろう。

宮沢は「公共の福祉」を人権相互の衝突の調整原理とするが、その基本的立場に、さらに次のような「社会国家」的政策理念を接木している。彼によれば、この人権衝突調整原理は、「自由国家」の「形式的公平」ではなく、「社会国家」の「実質的公平」であり、財産権的自由権に対しては生存権等の社会権が優位する。戦後憲法学においては、宮沢のこの見解が継承されて、精神的自由（表現の自由等）の経済的自由に対する優位を前提に、精神的自由規制立法に対する違憲審査を厳格化する一方で、経済的自由規制立法に対する違憲審査基準を緩める「二重の基準論」――より正確には、「二段階審査（two-tier scrutiny)」論と呼ばれるべきもの——が提唱されてきた。

私は、「公共の福祉」が人権を超越した価値による人権制約を許すものではなく、人権相互の衝突の調整原理であるとする内在的制約説の基本的立場を支持するが、「二重の基準論」およびその原型たる宮沢の「社会国家的実質的公平」論に対しては批判的である。かかる見解の根底にあるのは、経済活動は表現活動より低次元の行為だから規制強化してよいという発想——表現の自由の優位の根拠を民主的プロセスの保障に求める立場も、経済的自由に優越する表現の自由の範囲を政治的言論を超えて拡大している点で、なおこの発想に囚われている——だが、これは自由の価値を、自由の対象たる行為の価値に還元するもので、「価値の乏しい行為は規制してよい」とする卓越主義に導くこと、また、経済的自由なくして精神的自由なしという機能的不可分性が両者の間にあることが、私の「二重の基準論」批判の論拠である[16]。

精神的自由規制立法だけでなく経済的自由規制立法に対しても、厳格な違憲審査基準が適用されるべきだとするのが私の立場で、違憲審査基準としてのLRAを私が重視するのは、まさにそれが個人の幸福追求権だけでなく営業の自由のような経済的自由に対する規制も厳格審査の対象にするからである。実は、個人の幸福追求権も精神的自由であると同時に、職業選択の自由、働き方の自由というような経済活動の自由とも密接不可分であり、経済的自由規制立法の違憲審査を厳格化することなしに、個人の幸福追求権に十分な憲法的保障を与えることはできない。

「二重の基準論」支持者たちは、経済的自由規制は生存権のような社会権の保障のために必要だから、違憲審査は緩くしてよいという固定観念をもちがちだが、政治的現実を直視するなら、経済的自由規制立法は、弱者保護・環境保護・消費者保護といった「美名」で建前としての規制目的を飾りながら、実態は既存業者の特殊権益を擁護したり、特定集団の生活理想（善き生の構想）を他者に押し付ける卓越主義的権力欲を実現したりするための手段として濫用されやすい。違憲審査基準としてのLRAは、かかる濫用を抑止する上で本領を発揮する。

現在の喫煙規制も、「分煙」の仮面をつけた「排煙」であり、「望まない受動喫煙の防止」の名の下に、喫煙者の生き方を蔑視する非喫煙者の卓越主義的情念を追求する手段として濫用されている。さらには、受動喫煙防止策としては不必要な分煙設備設置が義務付けられることによる建設需要増大で儲かる建設業者の利権や、「排煙」圧力強化で儲かる禁煙補助具・禁煙補助医療に関連する製薬会社・医療産業の利権保護手段にもなっている。かかる欺瞞的規制こそ、違憲審査基準としてのLRAによって抑止されなければならない。

さらに付言すれば、仮に「二重の基準論」支持者たちのように、経済的自由規制の違憲審査基準を緩め、LRAをこれに適用せず、国法・都条例の「営業の自由」規制を「財産権の内容は、公共の福祉に適合するやうに、法律でこれを定める」とする憲法二九条二項により合憲とする立場に立ったとしてもなお、重大な憲法問題が発生する。

同じ憲法二九条は三項で「私有財産は、正当な補償の下に、公共のためにこれを用ひることができる」と定めている。三項は土地収用のような場合だけでなく、営業の自由を公共目的のために制約する新たな法規制の導入の結果、大きな損失を被ったり廃業に追い込まれたりする業者に対しても、「正当な補償」をする義務を規制主体たる国や地方公共団体に課すと解すべきである[17]。経営の失敗による損失ではなく、順調に行っていた商売が新たな規制により打撃を受けた結果の損失は、収容と同様、公共目的のための財産権剥奪だからである。

喫煙規制の場合、居酒屋など喫煙者が多い飲食店で、国法が例外的規制緩和措置の対象としている「喫煙目的施設」や「既存特定飲食提供施設」の認定を受けられず、多くの常連顧客を失い、多大の損失を被ったり、廃業に追い込まれたりする店もあるだろう。「既存特定飲食提供施設」の例外的扱いは猶予的措置に過ぎず、それが停止されたときには被害を受ける店はさらに増えるだろう。都条例の場合は「既存特定飲食提供施設」であっても、賃金が支払われる従業員がいると「都指定特定飲食提供施設」としての例外的規制緩和措置を受けられないため、打撃を受ける飲食店はさらに多いはずである。しかし、国法も都条例も、このような飲食店の経営者に対する「損失補償」の手当てはしていない。

打撃を受けた経営者たちは憲法訴訟を起こして、司法的ルートで、憲法二九条三項の「正当な補償」を要求することはできる（日本のいまの最高裁で、勝訴できる確実な保証はないが）。しかし、それはまさに、かかる補償を提供していない国法・都条例が二九条三項に違反していることを含意している。要するに、仮に――反実仮想的意味で「仮に」だが――国法・都条例が、憲法二九条二項で合憲だとされても、同条三項により、これらは違憲である。

以上の考察をまとめて言おう。国法と都条例の喫煙規制は、法哲学的に許容不可能であるだけでなく、日本国憲法にも反する「天下の悪法」である。[18]

7 ネオ・ピューリタニズムに抗して

(1) 「魔女狩り」としての排煙

「分煙」の名の下に「排煙」圧力を高める喫煙規制の狂熱は日本だけではなく、世界中に広まっている。しかも、「分煙」の仮面すらかなぐりすてた、あからさまな「排煙」誘導規制もまかり通っている。例えば、髑髏(どくろ)マークとともに書かれた「喫煙は健康に有害」とか、"Smoking Kills You." とかいう類の多かれ少なかれ恫喝的なメッセージを、タバコ商品包装表面に、しかもその表面積の一定割合以上を占める形で表示することをメーカーに義務付ける規制は、それがない国を見つけることの方が難しい（無いかもしれない）。

これは剥き出しのパターナリズムであることが問題にされるのは当然だが、それ以前に問題なのは、剥き出しの「二重基準（double standard）」だということである。ここで言う「二重基準」とは、違憲審査基準に関する既述の「二重の基準論」の言う二段階審査基準とは全く別で、恣意的でご都合主義的な基準の使い分けという本来の悪しき意味におけるそれである。アルコール飲料や、四〇パーセント前後が脂肪であるチーズなど、消費の仕方や消費者の体質によって健康を害する危険性のある飲食関連商品は無数にある。その中でタバコだけが標的にされているのは、普遍化不可能な差別を禁止する正義概念に反する――正義概念は規制の表面的内容だけでなく、その正当化理由の普遍化可能性も要請する――という意味で不正であるだけでなく、法の下の平等にあからさまに反している。

二重基準批判に対して、排煙運動家の中には、「複数の犯人のうち一人を先に逮捕したことに対して、他の犯人を見逃しているから不当だと批判するようなものだ」と反論する者もいるらしい。彼らは、タバコだけを標的にしているのではなく、まずタバコから始めているだけだと主張しているのだろうが、これは反論になっていないどころか、この種の規制の欺瞞性・自壊性を暴露するだけである。

健康に有害な効果をもつ飲食物は既に言ったように無数ある。アルコールだけでなく、普通の飲食物に普通に含まれる脂肪・塩分・糖分はどれも注意を要する。アレルゲンになる食品含有物質も多様である。特に種々の添加物が使用されている現在の飲食物は、ほとんどが、健康に何らかの悪影響を与えるリスクがある。リスク・フリーな飲食物など無いと言っても過言ではない。健康リスクのある飲食物商品には、タバコ商品と同様な警告表示規制をするとしたら、ほとんどすべての飲食物商品が対象になるだろう。

こんな「健康パターナリズム規制」の全面的貫徹は、無数の業界団体から一斉に、あるいは次々と抵抗され、政治的に無理であるだけでなく、この種の規制があまりに馬鹿げていることが一般消費者にもばれてしまうため、社会的支持調達も無理である。しかも、ほとんどすべての飲食物にタバコと同様の健康リスク警告標識という「烙印（stigma）」を押してしまったら、タバコに対する烙印付け（stigmatization）の効果が消えてしまい、排煙運動家たちの運動論的戦略も挫折してしまうだろう。

タバコを標的にした警告表示規制――私に言わせれば「消費者恫喝命令」――がまかり通っているのは、そして排煙運動家たちがそれを喜んでいられるのは、まさに、タバコだけが標的にされているからである。タバコに対する規制は、タバコという「犯人」だけを標的にし、他の「犯人」をあえて見逃しているからこそ支持されているのである。

このように、タバコ商品に対する恣意的な警告表示規制、さらに言えば広告規制や広告自粛圧力は、「分煙」の枠を超えたパターナリズムであるという問題よりも、もっと深刻な問題を孕んでいる。そもそも、この種の規制はタバコだけを標的にした普遍化不可能な規制である点で、自己危害からの個人の保護というパターナリズムの論理によってさえ、首尾一貫した正当化論拠を与えることはできない。

この種の規制の根拠が個人を自己危害から救うというパターナリズムでないとしたら、一体その根拠は何か。その真の動機、隠された狙いは、世界を自らの「健全な世界」の理想に従って浄化するために、タバコという「魔性の毒物」をこの世界から追放したいという欲望である。「タバコという魔性の毒物を吸引する個人」は、その者自身が世界を汚し「健全世界」の実現を阻む悪魔となるがゆえに、その者を救うためではなく、「健全世界」の純潔性をこの世に広めるために、放逐されなければならない。いわば、タバコと喫煙者に対する「魔女狩り」の衝動が、この種の規制の深層心理的動因となっている。

「分煙」の仮面をつけた喫煙規制も、「望まない受動喫煙防止」によっては正当化不可能な「排煙」策略になっていることを先に示した。この排煙策略の動因になっているのも、「健全世界」の理想を汚す喫煙者たちを、「不潔な禁域」である「喫煙牢」に閉じ込めて迫害し、さらに、「健全世界」の理想を実現するために、この「不潔な禁域」を狭め続け、ゆくゆくはこの世界からタバコと喫煙者を滅却したいという欲動である。

(2) ネオ・ピューリタニズムの精神構造

タバコと喫煙者をこの世界から放逐して「健全世界」を実現したいという、いま述べた衝動の根底にあるのは、私がネオ・ピューリタニズムと呼ぶ心性である。

ピューリタンたちは、英国本土における国教徒勢力による迫害を逃れ、自らの信仰の自由を得るために新大陸（アメリカ）に集団移住したと、世界史の教科書には書かれている。しかし、彼らは、個人の信仰の自由が保障される世界を求めて新大陸に渡ったわけではなかった。彼らは、新天地で自らの信仰に基づく祭政一致体制、神権政治体制の共同体を樹立するために、新大陸に渡ったのである。

その当然の結果として、彼らが建設した初期ニュー・イングランドの植民地社会は宗教的にきわめて不寛容であった。その象徴的事例は一六九二年のセイラムにおける魔女狩りである。一六世紀半ばにカルヴァンがジュネーヴで神権政治的弾圧をしたのと同様に、ピューリタン（Puritans）たちは、その名の通り、邪教の穢れから浄化（purify）された社会を求めて、自らの支配圏域においては苛烈な異端弾圧を行ったのである。しかも、彼らは、英国本土において国教徒勢力によって迫害されたという被害者意識があるために、自己の政治的支配下にある異端を苛烈に抑圧している自らの加害者性を自覚することはなかった。

まさにこれと同様に、「現代の魔女狩り」としての排煙実践は、タバコの危害から身を守るという被害者意識から出発しながら、危害回避のためなら必要かつ十分な「分煙」の枠を超え出て、タバコと喫煙者という「魔性の存在」自体の殲滅をめざす「健康十字軍」の攻撃性を剥き出しにし、この世界を排煙運動家たちの「健全世界」の理想に従って「浄化（purify）」しようとしている。これは、その精神構造において、ピューリタニズムと見事に重なっている。ただ、目的は「宗教的に純潔な世界の実現」から、世俗的な「衛生的に純潔な世界の実現」へと変わっているので、ネオ・ピューリタニズムと名付けた次第である。

目的が世俗化されたからといって、ネオ・ピューリタニズムの方が、ピューリタニズムよりましだというわけではない。自己の宗教的理想の実現のために他者を迫害することに対しては、信仰の自由や政教分離を保障する現代の立憲民主国家においては、強い立憲主義的統制や社会的自制が働く。しかし、ネオ・ピューリタニズムは目的が世俗化されているがゆえに、かえってその「狂信性」が自覚されにくく、精神的自由と経済的自由双方に関わる基本的人権を侵害しながら、立憲主義的統制や社会的自制のチェックが機能せず、暴走しやすい。「天下の悪法」で、明白に違憲でもある改正健康増進法と東京都受動喫煙防止条例が大手をふるって闊歩しているのは、その一例証である。[19]

ネオ・ピューリタニズムという概念をあえて提示するのは、この精神構造が、現代世界においては、宗教的不寛容に代わって、喫煙規制だけでなく他の様々な場面で、我々の生活形式に対する統制を拡大強化する新たな社会的不寛容の推進力になりつつあると恐れるからである。

例えば、新型コロナウイルス感染問題に関し、日本の政府が行った対策は、営業制限・外出制限等に関しては、強制的制裁を欠いた「要請」や「指示」という、一見「柔和」な外観をもっている。しかし、これは法的強制措置ならば憲法二九条三項により課される「正当な補償」への政府の法的責任[20]を回避しつつ、非公式な社会的同調圧力を利用して、人々の経済活動・社会活動を統制しようとするものである。この統制手法は、「分煙」という柔和な仮面に「排煙」圧力を隠し、損失補償への法的責任も回避する喫煙規制と、まさに相似形である。

しかも、ウイルスという「見えない敵」に対する人々の不安が、社会的同調圧力を異様なまでに膨張させている。医療・看護や宅配・運輸業など感染リスクの高い職務に就く人々に対する「コロナ差別」や、ＳＮＳによる「コロナ容疑者」のデマ拡散、さらには「自粛警察」と呼ばれるような自警団的な恫喝・暴行など、社会的専制の狂熱が広まっている。[21]

新型コロナウイルス感染問題に対する日本の政府と社会のこのような対応・反応は、ネオ・ピューリタニズムが喫煙規制を超えて拡大しつつあるという私の恐れが、杞憂ではないことを示す。

ネオ・ピューリタニズムは、社会的不寛容の浸潤という問題に加えて、さらなる精神病理を孕んでいる。それは、「世界浄化（purification of the world)」への欲求が「世界単純化(simplification of the world)」への欲求と結合していることである。

ネオ・ピューリタンは、ピューリタンと同様、「悪」からの世界の浄化を求める。ところで、ピューリタンにとって、「悪」の原因は「悪」でしかなく、病気・死・災厄などの「悪」の主因は「不信心者の悪徳」、あるいは「魔女の呪い」である。同様に、ネオ・ピューリタンにとって、この世界に存在する「悪」には、それを生む様々な要因があるにも拘わらず、その「悪」が帰責されるべき「主犯」的な「悪因子」がある（例えば、肺炎や癌の「主犯」的悪因子は喫煙である）。この「悪」を除去ないし縮減して世界を浄化するには、それを生む「主犯」的悪因子を突き止め、この悪因子を根絶させればよい。

「主犯」的悪因子を根絶することによって世界を「悪」から浄化しようとするこの欲求

は、以下のような仕方で、世界の複雑性を捨象する世界単純化の過誤を犯している。

第一に、「悪」の原因が過度に単純化されている。一つの「悪」を生む要因は様々あり、「悪」の発生過程ではそれらが複雑に絡み合って影響しており、どれが「主犯」的因子で、どれが「従犯」的因子かを区別できるものではない。ある意味ですべて「共同正犯」的因子である。どれか一つの因子を除去しても、他の諸因子の相互作用でその「悪」は存続しうる。あるいは、一つの因子の除去がそれと拮抗していた他の因子を増殖・増強させ、かえってその「悪」が強化されることすらある。例えば、ストレスの高い生活を送っている喫煙者が禁煙した結果、ストレスがさらに高まり、それで活性酸素が増え、自律神経のバランスが崩れて免疫力が弱まり、癌になるというように。

第二に、世界が「善悪二元論」的に単純化されている。ここで善悪二元論と呼ぶのは、善と悪それぞれを一枚岩的に捉えた上で、両者が相反関係にあるとみなす思考様式である。しかし、我々が生きる世界はそんな単純なものではない。善と悪が同じメダルの両面であり、悪しき面を破壊すると、同時に善き面も破壊されるという「両価性」が物事にあることは、よく指摘される。しかし問題はそれだけではない。

善と悪、それぞれが多様性・複雑性を内包し、それに応じて両者の関係も相反的とは限らず、相互依存性・相乗性をも有しうるのである。一つの善の一意専心的追求が他の善への配慮を忘れさせ、その他の善が抑制していた悪を繁茂させうる。あるいは、一つの悪を徹底的に排除すると、その悪の空白が他の悪が繁茂するニッチとなり、その他の悪が善へのより大きな脅威になる――つまり、一つの悪が他の一層大きな悪から善を結果的に保護する機能をもつ――こともある。

後者の問題を喫煙規制で例示しよう。「分煙の仮面」をつけた排煙、あるいは「剥き出し」の排煙が成功し、喫煙が撲滅されたとしよう。そうなると、喫煙欲求を満たしえなくなった人々はタバコに代わる代償満足手段を求めるだろう。アルコール消費量が増え、過剰飲酒に伴う疾病やアルコール依存症が増え、飲酒運転事故や飲酒暴行など酒酔いによる犯罪も増えるかもしれない。

より蓋然性の高いのは、麻薬使用の増加である。実際、カナダはそれを見越して、マリファナを合法化した。依存症リスクが小さいと言われるマリファナに限って合法化することで、より危険な麻薬が闇市場で広がることを抑止しようとしたのだろう。しかし、それで麻薬使用が制限できると考えるのは非現実的である。限界効用逓減の法則が示すように、合法化のおかげで軽いマリファナを大っぴらに頻繁に吸引できるようになった人々は、段々物足りなくなり、より強い麻薬が欲しくなるだろう。

禁じられているがゆえに欲しくなるという「禁断の木の実」の心理法則もある。マリファナが非合法されていた時には、禁断の木の実を味わうスリルを感じてマリファナを愛用していた者たちは、マリファナが禁断の木の実ではなくなると、スリルがなくなり、かつてのマリファナのように闇市場で流通する危険な「禁断の麻薬」に手を出すようになるだろう。マリファナが合法化されると、マリファナに擬して禁断の麻薬を売ることも容易になり、入手可能性が高まることも、後者への欲望を強める要因になるだろう。

以上のことは、多少とも、麻薬の実態を知る人々にとっては常識である。マリファナが「麻薬への入り口（a gateway to drugs）」と言われる所以である。実際、マリファナを合法化したカナダ政府の本音も、麻薬使用のコントロールよりも、喫煙規制で激減したタバコ関連の税収をマリファナ関連税で補填することにある。

要するに、「タバコが滅びて酒と麻薬が栄える」ことは、人間の心理と社会的現実の複雑性を考えるなら、リアルな可能性である。ネオ・ピューリタンにとっても、酒と麻薬が栄える世界の「悪」は、喫煙者と非喫煙者が公正な分煙のルールの下で共生する世界に彼らがなお残るとみなす「悪」よりも、はるかに大きいはずである。彼らがそれを理解しないのは、世界浄化への欲望と世界単純化への欲望が彼らにおいて癒合しているからである。

誤解を避けるために付言すれば、「酒と麻薬が栄える」という帰結を回避することが、私が排煙を斥け公正な分煙ルールを要請する根拠になっているわけではない。排煙の仮面ではない本当に公正な分煙システムは、本稿5で述べたような「分煙の正義」の要請であり、酒と麻薬に関する社会統制上の帰結主義的考慮によって正当化されているわけではない。こんな帰結が幸いにして生じなかったとしても、公正な分煙体制は正義の要請として支持される。帰結主義的分析を提示したのはネオ・ピューリタンたちに、彼らの視野狭窄と自家撞着を自覚させるためである。

ネオ・ピューリタンの中でもさらに頑迷な人たちは、酒と麻薬が栄えたら、それも撲滅する法規制を徹底すればいいと答えるかもしれない。そんな彼らには、米国が一九一七年に憲法改正までして禁酒法を制定し一九一九年から実施したものの、アル・カポネのようなギャングを密造酒で儲けさせ蔓延らせただけという帰結が露わになり、わずか一四年後、一九三三年に再び憲法改正して禁酒法時代を終焉させたという歴史から学んでほしい。麻薬シンジケートは密造酒ギャングなどよりはるかに強力で洗練されている。法規制の強化で簡単に殲滅できるものではない。彼らにとって一番痛いのは、麻薬需要自体の低下である。排煙はむしろ麻薬需要を高め、麻薬シンジケートにとってはまことに好都合なのである。

まとめよう。ネオ・ピューリタンの罪は何よりもまず、「健康」という世俗的価値を大義名分に掲げながら、「健全なる生」についての自己の構想に反する他者を「穢れ」とみなして世界から「祓除」しようとする社会的不寛容にある。健康自体が複雑な概念であり、健やかな人生が多様であること、さらには善き生にとって重要な価値は健康だけではなく、健康と他の価値との均衡をとる生き方も多様であることが、彼らには理解できない。

人間にとっての善き生の多様性・複雑性に対するネオ・ピューリタンの無理解は、さらに、悪の多様性・複雑性、善と悪の関係の多様性・複雑性への無理解に導く。自らが「悪」と烙印付けしたものを世界から除去すれば、世界はその分だけ浄化されると彼らは信じるが、この「悪」への十字軍的攻撃が他者の善き生を破壊するだけでなく、別の「悪」に温床を与えることが彼らには見えていない。世界を「純化」したいという欲望は、世界を「単純化」したいという欲望と不可分なのである。

結語――〈それ〉は足音も立てず忍び寄り、密かに増殖し、いつの間にか私たちを支配する

いまや多数派となった非喫煙者はほとんどが喫煙規制強化を歓迎している。喫煙者も、「肩身が狭くなったが、これも時代の流れ、仕方がない」と受忍している人がほとんどだろう。喫煙者・非喫煙者を問わず、ちょっと行きすぎかなと思っている穏健派も少数ながらいるが、彼らもまたほとんどが、「たかが喫煙規制、目くじらを立てることはない」と諦観しているようだ。

その結果、改正健康増進法や東京都受動喫煙防止条例（あるいは後者と同様な他の自治体の諸条例）、タバコ注意文言表示規制（たばこ事業法三九条一項）のごとき「天下の悪法」が、さしたる抵抗も受けることなく、日本を闊歩している。日本だけではない。同様な、あるいは一層苛烈な排煙規制が世界中に広がっている。

こういう時代の趨勢に対して、警鐘を鳴らす本稿は、ドン・キホーテの妄言のように聞こえるかもしれない。最近著[22]の書名副題において、自己を「反時代的精神」と規定した私としては、読者のこういう反応は「想定内」である。ドン・キホーテとみなされるのを覚

悟して、言わねばならないことを言うのが「反時代的精神」の真骨頂だからである。

なぜ、本稿で書いたことをいま言わなければならないと、私が信じているのかは、本稿をお読みいただければ分かるはずである。喫煙規制の問題は、喫煙規制だけの問題ではない。「健康」、「衛生」、「安全」など、私たちの生を守護すると標榜する「価値」の名の下に、私たちの生を隅々まで統制し、これを鋳型にはめて圧縮成型しようとする狂信的な力が、喫煙規制の根底にあり、この力が、いまや様々な場面で増殖し、肥大化し、私たちを支配しつつある。

かつての宗教的狂信とは異なり、ネオ・ピューリタニズムと私が名付けたこの新たな狂信は、「健康」等々の世俗的価値、しかも「疑似科学」的装いすらまとった価値を大義名分としている。さらに、喫煙規制で見られるような、「分煙」の仮面を付けた排煙圧力や、コロナ危機対策で見られるような、非強制的な「要請」・「指示」の仮面を付けて「法の支配」を潜り抜ける社会的同調圧力など、「柔和なる社会統制」として偽装された規制手段を利用している。そのため、リベラルな立憲民主体制をもつ社会においても、その脅威が自覚されることなく、この狂信は跋扈し、多様な生の在り方を追求する人々が公正に共生できる枠組たるこの体制の精神的基盤を侵食している。

本稿の前篇「我が〈喫煙人生劇場〉」で描いたように、私という一個の人間の、タバコと付き合い始めてから約半世紀に及ぶ人生の中で、「生真面目な喫煙者」、「快楽主義的非喫煙者」、「充足的葉巻愛用者」、「一病息災の摂生者」という四つの人格が主役の座を交代してきた。いまの私は最後の登場人物だが、過去に登場した三人の登場人物たちのいずれをも否定してはいない。「生真面目な喫煙者」のチェーン・スモーキングについてはかなり厳しいことも言ったが、それは二五歳までの私の青春の不可欠の要素であり、自己の人生からその部分だけ消去したいなどとは思わない。タバコの煙の中で助手論文を書いていた自分が愛おしくさえある。

通時的にだけではなく、共時的にも、この四つのタイプ、あるいはもっと多様なタイプの人物たちが、しかも、喫煙に対する態度だけでなく、生の形式全般において多様なタイプの人物たちが、互いにその個性と自由を承認しつつ、公正に共生できる社会を守りたいというのが、リベラリズム擁護の旗を振り続けてきた私の願いである。

しかし、いまや、この願いは実現困難になりつつあるのではないか、そんな危機感が私の中で日々高まってきている。既に一部の読者はご存じかと思うが、憲法九条問題に関して、私は日本の「自称リベラル」たちの欺瞞を厳しく批判してきた[23]。しかし、喫煙規制、そしてその根底にあるネオ・ピューリタニズムの問題に関しては、日本だけでなく、世界中で、この流れに抗すべきリベラルたちの多くが、無頓着であるか、さらにはこの流れに掉さす姿勢すら示している。「リベラルの欺瞞」が、いまやグローバル化しつつある。

以上、結びに代えて、私が本稿のような「反時代的論考」を、大方の反発を覚悟の上で、性懲りもなく、またもや世に問う狙いを述べさせていただいた。私の警鐘を「時代錯誤の老人」の妄言とみなすか、「時流に流されない変人」だからこそ伝えられる預言とみなすか、それは読者のみなさんの御判断に委ねるしかない。

(1) 私の進路選択への三島事件の影響については、拙著『生ける世界の法と哲学——ある反時代的精神の履歴書』信山社、二〇二〇年、まえがきiii—vi頁参照。

(2) この経緯について、前掲拙著（注1）、まえがきvi—x頁参照。

(3) 日本語では、「舌鼓を打つ」、「舌が肥えている」などの表現が示すように、味覚機能は「舌」で象徴されるが、英語では、「舌（tongue）」は「母語（mother tongue）」などの表現が示すように、主として言語機能を象徴する（日本語の「舌」にも、「舌は災いの根」のように言語機能を示す側面もある）。英語で味覚機能を象徴するのは、「口に合う（suit one's palate）」、「口が肥えている（have a fine palate）」、「味覚の快楽（palatal pleasure）」というような表現が示すように、「口蓋（palate）」

である。日本人は、味は舌で感じるものと考え、英語系国民は、味は口蓋で感じるものと考えているというのは、比較文化論的に興味深い事実である。

生理学的には、いずれも「偏見」であり、人間は味を舌でも口蓋でも感じている。なお、近年の研究では、鼻腔にも味覚の感受組織があるようである。二日間の睡眠の間喫煙しなかったことで復活した私の味覚機能は、口蓋だけでなく鼻腔のそれをも含んでいたのかもしれない。

(4) ストア派の禁欲も、放縦な欲望への耽溺がかえって個人の深い満足享受能力を衰弱させることを知るがゆえに実践されたもので、足ること知らぬ欲動とは異なる心の「平静（*ataraxia*）」を求めたエピクロスの快楽主義と対立するものではないと私は理解している。因みに、ミッシェル・フーコーも、かつては欲望を権力が生産し操縦するものとみなしていたが、古典古代ギリシャにおける禁欲と快楽の関係を考察するに至って、個人が欲望を自律的に制御することを通じて、自己と他者とのより良き関係と結合した高次の快楽を生みだすことが可能になるという見解に発展していったと思われる（M・フーコー（田村俶訳）『性の歴史Ⅱ　快楽の活用』新潮社、一九八六年参照）。

フーコー解釈はどうであれ、私は「最善の禁欲主義は最善の快楽主義である」という命題に立脚している。そのため、快楽志向的非喫煙者としての自己の立場を、ネオ・ストイシズムと呼んだりもした。本文で後述するように、五〇代になって葉巻を始めた後も、この立場に変化はない。

(5) 「諸宗教の共生 ── グローバル化した世界の間宗教的・間文化的な課題（Zusammenleben der Religionen: Eine interreligiös-interkulturelle Aufgabe der globalisierten Welt）」を統一テーマにしたこの国際シンポジウムについては、『ベルリン日独センター報告集』第三一号（二〇〇五年一一月発行）

を参照。そこでの私の報告は、前掲拙著（注1）第三章第2節に第2稿「グローバル化が分断する世界の〈共生の作法〉」として再掲している。

（6）拙著『共生の作法――会話としての正義』創文社、一九八六年、第五章参照。

（7）後掲注(9)参照。

（8）参照、『朝日新聞 Digital』二〇一七年五月二日一七時五九分配信記事（https://www.asahi.com/articles/ASK525DS7K52UHBI01V.html）この人物の名は、ムバ・ゴトとも伝えられているが、その身分証には氏名がSODIMEJOと記載されている。身分証に記載された生年月日は一八七〇年一二月三一日である。彼の幼少期の記憶についての証言と歴史的事実との照合などから、この生年は信憑性を認められているようである。いずれにせよ、この人物が一〇〇歳をはるかに超える高齢者であったことは間違いない。

（9）単に、法則命題は有限個の観察事例をいくら積み上げても検証不可能であるという論理的真理を主張しているのではない。カール・ポパーは、反証テストに耐えている限りで法則命題に付与される暫定的受容可能性の認証をcorroboration――「確証」と訳されることもあるが、この言葉は字義的には「確実な証明」を意味するため不適切なので、原語をそのまま使う――と呼び、これを科学的法則命題が要求しうる最大限の信憑性認証とみなした（Cf. K. Popper, *Conjectures and Refutations: The Growth of Scientific Knowledge*, 2nd ed., Routledge, 2002）。しかし、かかるcorroborationさえ、「非喫煙者の方が喫煙者より健康で長生きできる」という命題については得られていない。この命題の反証事例は山ほどあるからである。

種々の疾病と喫煙との統計的相関性の主張に関しても、データの操作可能性を考えるなら性急に信を置くことはできない。タバコの発癌性、特に副流煙の発癌性に関しては、平山雄（一九九五年歿、元国立がんセンター疫学部長）の（一九六〇年代半ば以降の）疫学研究が大きな影響力をもっているが、これに対しては、他の関連要因のコントロールの仕方や、データの操作・解釈に関し専門家からも批判がある。批判的研究者に対し、厚生省（当時）の支援で行われ彼が独占している膨大なアンケート調査回答の原データ開示を拒否している点も問題視されている。

また、一九六〇年から一九九八年までの三九年間に亘って、成人一二万人弱（一、一八〇、九四人）に対するコーホート研究を行い、喫煙習慣のある配偶者をもつ非喫煙者（喫煙経験のまったくない者）六万五千人強（六五、五六一人）について分析した結果、喫煙に帰責される疾病と環境中たばこ煙暴露（副流煙の受動喫煙）との因果関係を推断するほどの統計的相関性の存在を否定したジェイムズ・エンストロームとジェフリー・カバットの共著論文など、平山疫学とは対立する海外の実証研究もある（平山疫学の問題点に関し、参照小谷野敦編『禁煙ファシズムと闘う』ＫＫベストセラーズ、二〇〇五年、一七三―一八六頁、付録二七四―三〇三頁）。

禁煙運動団体は、エンストローム＝カバット論文など、タバコの疾病リスクについて留保的・限定的結論を出す研究に対し、タバコ産業から研究資金援助を受けているなどとして政治的に批判しているが、これは公正な反論とは言い難い。疾病リスクを強調する研究も、それによって政府から多額の研究資金配分を調達できる――しかも、タバコ産業に四〇の州政府が医療施策コストを増大させた賠償金として、和解で総額四二兆円をも払わせた米国の例が示すように、疾病リスクを根拠にして巨額の賠償金・課徴金・懲罰的税金をタバコ産業から徴収できる政府自体にも、政治的な利権動機が働きうる──など、政治的偏向を疑わせる要因から免疫されていないことも一つの理由だが、それだけではない。より根本的な問題として、自己の政治的主張に不都合な研究成果を発表する研究者の政治的動機の詮索をもって研究内容の学問的批判に代えるのは、科学理論に関する発生論的説明と正当化とを混同するものだからである。

正当な学問的批判の一例を挙げよう。一九七六年、食べ物の焦げに発癌性があるという研究成果が、国立がんセンター研究所長（当時）の杉村隆を中心とする研究グループにより発表され、焼き魚をよく食べる日本人に衝撃を与えた。社会的関心を惹く研究であったため、この研究には政府から巨額の研究資金が配分された。しかし、その後、根拠となった実験は、マウスに、体重六〇キロの人間について換算すれば、焼き魚で一〇〇トン以上を一年間毎日食べた場合に摂取するくらいの焦げのエキスを注入した結果、癌が発生したというものであることが指摘され、研究内容自体の学問的吟味により、その結論の誇張性が批判された。

タバコ問題とは異なるが、それにも通じる問題がここにはある。発癌物質の発見は、国民の関心を惹き易く政府の支援を得やすい。それだけに、政治的計算で学問的研究が偏向しないよう、異なった立場の研究者間の相互批判的論争が必要不可欠である。政府・運動団体・企業は政治的思惑や営利動機で「都合のいい学説」を擁護したり、「不都合な学説」に圧力をかけたりすることを厳に自制すべきだろう。

（10）この問題は、合理的選択理論によって再構成された社会契約モデルで正義原理選択を正当化した前期ロールズの正義論（Cf. J. Rawls, *A Theory of Justice*, Harvard U. P., 1971）の欠陥と関わっている。彼は、個人の特殊利害に関わる特殊情報が排除された「原初状態（the original position）」は確率分配が不可能な不確実性下にあるため、合理的選択ルールとして期待利益最大化原理は使用できず、最悪帰結の最善化を求めるマクシミン・ルールが採用されるべきだとして、それに基づき、彼の正義の二原理が正当化できると主張した。マクシミン・ルールにより、最不遇層の境遇の最善化を求める「格差原理（the difference principle）」が支持されるのは比較的理解しやすいが、基本的諸自由の平等分配を求める第一原理や、社会経済的利益の分配に関わる第二原理の構成要素の一つたる公正な機会の原理、さらにこれらを格差原理に優先させる序列原理がなぜ正当化されるのかは理解困難である。

しかし、彼の議論の最も根本的な問題は、このような正当化論法が、ロールズ自身がリベラルな正義論の前提条件として提示した「善に対する正義の優位」の原理に背反していることである。不確実性状況でいかなる選択原理を採用するかは「合理性」の問題ではなく、ロールズが「善き生の構想」と呼んだ人生観の問題である。マクシミン・ルールはいわゆる「最悪事態観」に立つもので、「石橋を叩いて渡る」と表現されるような、最もリスク回避的な人生観を持つ者しか受容できない。

マクシミン・ルールによる正義の二原理選択の正当化が成功しているか否か以前に、特異な人生観に依存するマクシミン・ルールによって、対立競合する人生観（善き生の諸構想）を追求する人々の公正な共生の枠組たる正義原理を正当化しようとすること自体が、倒錯的で自壊的な試みなのである。この点に関するロールズ批判として、拙著『法という企て』東京大学出版会、二〇〇三年、二三

〔井上達夫〕

七—二四二頁参照。

(11) 善き生の特殊構想に対する正義原理の独立正当化可能性・制約性という反卓越主義原理が、正義の特殊構想に貫通する正義概念の含意であることを示すものとして、拙著『他者への自由——公共性の哲学としてのリベラリズム』創文社、一九九九年、二二三—二二五頁参照。

(12) 前掲注(9)参照。

(13) Cf. J. S. Mill, *On Liberty*, ed. by G. Himmelfarb, Penguin Books, 1974.

(14) LRA基準の意義に対するこのような見方を、私は、「正当化を争う権利」——後に「正義審査への原権利」と用語改訂——の保障と、立法理由の普遍主義的正当化可能性の保障を軸にして法の支配の理念を再編強化する私自身の立場がもつ、一つの具体的含意として提示している。拙著『法という企て』東京大学出版会、二〇〇三年、第二章、『立憲主義という企て』東京大学出版会、二〇一九年、第二章参照。

(15) 宮沢俊義が内在的制約説を提唱したのは、戦後初期の最高裁判所が、憲法訴訟において、人権制約根拠としての「公共の福祉」概念を濫用して、尊属殺重罰規定など戦後憲法の基本的人権原理と相いれない法令の違憲性主張を次々と撥ねつけたので、これに歯止めをかける必要を自覚したからである(宮沢俊義『憲法II——基本的人権』新版再販、有斐閣、一九七四年、二一八—二四〇頁参照)。

(16) 参照、拙著『法という企て』前掲注(14)一八〇—一八七頁。

(17) 憲法二九条三項について、芦部信喜は、「この規定は、私有財産を公共のために収用または制限することができることを明示し、あわせて、その際には、『正当な補償』が必要であるとするものである」と明言している（芦部信喜〔高橋和之補訂〕『憲法』第五版、岩波書店、二〇一七年、二二九―二三〇頁、傍点は井上）。狭義の収用だけでなく、社会公共の利益のために財産権の行使を制限し権利者に一般的な受忍義務の範囲を超えた重大な不利益を課すような規制は、「正当な補償」の対象となりうるとするのが学説・判例において共通の支配的見解であると言ってよい。

もちろん、いかなる公共的利益によるどの程度の財産権制限が損失補償の対象となるのか、受忍義務の範囲はどこまでか、「正当な補償」と言えるための補償額の基準は何か、など個別的論点については議論が分かれるが、二九条三項の損失補償が、狭義の収用の場合にのみ限定されるという見解は問題外とされている。財産権者の受忍義務を著しく加重し損失補償請求権を否認した奈良県ため池条例事件における最高裁昭和三八年六月二六日大法廷判決でさえ、二九条三項の損失補償が収用の場合だけでなく財産権制限の場合にも及びうることは前提している。なお、本判決に依拠して社会的危険性抑止を理由とした経済的自由侵害への損失補償を否定する立場への批判については、後掲注(20)参照。

(18) 蛇足的語注を付したい。「天下の」という形容句をここで使ったのは、「無類の」という慣用的強調表現としてだけではない。「お天道様、つまり、法と正義の光の下で暴露された」の意を込めている。

(19) 明白に違憲とここで言うのは、喫煙規制に関する国法・都条例が、幸福追求権を含む基本的人権の一般規定としての憲法一三条、職業選択の自由に関する憲法二二条一項、財産権を保障する憲法二九条一項と二項に反するという意味である。本稿第六節で詳述したように、国法・都条例は人権制約根拠としての「公共の福祉」が要請する分煙規制の範囲を超えて、明らかに不必要な制限を喫煙・非喫煙の選択の自由や、職業選択・営業の自由に対して加えている。

私見はＬＲＡ基準に基づいているが、規制目的実現のための規制手段の必要性を厳格に審査して、不必要に経済的自由を制約する規制を違憲とする姿勢は、薬事法の距離制限を違憲とした最高裁昭和五〇年四月三〇日大法廷判決、森林法の共有地分割制限を違憲とした最高裁昭和六二年四月二二日大法廷判決などに見られるように、最高裁判例においても示されている。

第六節では、追加的に、仮に国法・都条例が憲法二九条一項・二項に反していないと想定しても、同条三項が要請する「正当な補償」を提供していない点で違憲であるという主張もしている。これについては、同条三項の損失補償がこの場合認められるか否かについては異論の余地があり、「明白に違憲」とまで言えないとの反論もあろう。

私は、仮に国法・都条例の規制が憲法上許容されるとしても、それで廃業に追い込まれる飲食店経営者に損失補償しないのは許しがたい人権侵害だと考えるが、この主張はあくまで、これらの規制が憲法上許容されるという反実仮想的な仮定の下での傍論的主張にすぎない。この仮定はまさに反実仮想で誤っていること、国法・都条例の喫煙規制は最高裁判例に照らしても憲法上許容不可能であること、その意味で明白に違憲であることが私の本論である。

(20) 新型コロナウイルス感染拡大防止のために強制力を伴う法的措置によって営業制限・休業を命じる場合には、憲法二九条三項が定める「正当な補償」が必要であると私は考えるが、憲法学者の長谷部恭男はこの点に関し、「冷たいようですが、憲法上は補償の必要はありません。社会公共にとって危険であることが明白な行為を罰則付きで禁止しても、……憲法二九条三項に基づいて補償する必要はない、という最高裁判決があります（奈良県ため池条例事件）」と述べている（『朝日新聞』二〇二〇年七月二六日、一三版S、二頁）。

実質的論拠を何ら示さず、昭和三八年の奈良県ため池条例事件最高裁判決だけを持ち出して、しかも、本判決が妥当か、感染症対策にまで及ぶ射程をもつのか、先例的意義がいまでもあるのかを検討することなく、憲法上補償の必要なしと断定する長谷部の姿勢に、彼を人権尊重派の憲法学者とみなしていた私は、率直に言って、驚きを禁じ得ない。

父祖の代より、ため池を保全しつつ周囲の土地を耕作利用してきた農民に対し、ため池の破損・決壊による災害を未然に防止すると称してその耕作利用を全面禁止する奈良県の条例の合理性・必要性を「立法者が科学的根拠に基づいて判断した」と自明視する本判決の姿勢は、法律ではなく条例による財産権制限が許されるかという本件で問われた論点を別としても、違憲審査方法として学説のみならず最高裁判例によっても既に否定されている。

本判決は奈良県ため池条例が災害防止という消極目的規制だから県の判断を尊重して緩い「敬譲的審査」ですましているが、その後の最高裁の判例傾向は、積極目的規制については「敬譲的審査」にとどめても消極目的規制にはむしろ「厳格審査」を行うという規制目的二分論が一時支配的になり、さらに後に、規制目的が消極的か積極的かを問わず、規制目的にとっての規制手段の必要性を厳格に審査する方向に展開しており、本判決のあまりに公権力追従的な姿勢は最高裁自体によって既に放棄されている。本判決を評釈した憲法学者が婉曲にだが「今日、本判決の先例性は大きくはない」と断じる所以である（村山健太郎「条例による財産権の制限――奈良県ため池条例事件」『憲法判例百選①』第六版、別冊ジュリスト二一七号、二〇一三年、二一八―二一九頁）。

しかも、耕作利用禁止は被告人農民の財産権の実質を奪うことに等しく、どうしても耕作利用禁止が必要なら、県が当該土地を収用すべきであり、その場合には当然、相当価格が農民に支払われることになる。奈良県条例は、県が土地収用に伴う補償責任を回避して、収用の「実」だけをとろうとする不正な権力行使であり、憲法上の損失補償の必要を否定する本判決はそれを追認し、憲法二九条三項を骨抜きにしている。本判決に対する少数反対意見を述べた三人の裁判官のうち、河村大助裁判官が、本条例は「所有権の行使を全面的に禁止しているのであって、実質は所有権の剝奪に等しい」と指摘し、山田作之助裁判官が、被告人農民は「無補償の没収と同様の制限を刑事裁判の強制の下に受けることとなる」と指弾したのは、まことに正当である。

このように奈良県ため池条例事件最高裁判決は、実質的に不当であるのみならず、最高裁判例としての先例的権威ももはや喪失していると見るべきである。長谷部がなぜ、このような筋悪の古い判決を持ち出して、新型コロナウイルス感染拡大防止のために罰則付きの強制力ある規制を行っても憲法上は損失補償の必要なしと主張したのか、理解に苦しむ。あえて推測するなら、このような損失補償を認めると国家財政が逼迫するという政治的考慮があるのかもしれない。

長谷部の意図はともかく、財政上の制約の考慮は必要であるが、それは損失補償請求権の実現方法に関する政策的判断の問題であり、損失補償への憲法上の権利自体を否定する根拠にされてはならない。この問題に関してコロナ危機に関する拙稿で指摘した以下の点をここで再確認しておきたい。

もちろん、財政的制約により「正当な損失補償」を完全に提供することは難しいかもしれない。しかし、「正当な損失補償への権利」を休業等で経済的打撃を受けた人々に認めた上で、財政制約から補償額の割引や分納を求めることと、かかる人々の「正当な損失補償への権利」を否定して、政府の「恩恵」として涙金の支援金を彼らに配ることとの間には決定的な差がある（井上達夫「コロナ・ラプソディ——パンデミックが暴く『無責任の体系』」『法と哲学』六号、二〇二〇年、三五頁）。

奈良県ため池条例は規制自体の合憲性が疑わしいが、新型コロナウイルス感染拡大防止対策をより実効的にするために、経済活動に対し罰則も伴う強制力ある法的規制を緊急措置として実施することは、憲法が許容する公共の福祉による人権制約として正当化でき、合憲であると私は考える。しかし、だからこそ、かかる規制には憲法二九条三項が要請する「正当な補償」をカップリングすることが必要なのである。

社会公共の利益のために必要な規制により一定の人々が負わされた犠牲に対して政府が補償し、税という形で、そのコストを国民全体が負担することにより、便益とコストの分配の公正を図るのが、憲法二九条三項の正当化根拠をなす法哲学的原理であり、損失補償の要否・範囲に関する憲法解釈や、財源調達に関する政策判断はこの原理に依拠して行わなければならない。損失補償に伴う膨大な財政支出の財源調達について付言すれば、東日本大震災後の復興所得税のような特別税を感染終息後に導入して、国民にその経済力に応じて広く負担共有を求めることも考えられるだろう。

(21) 新型コロナウイルス感染問題に対する日本の対応を、本文で指摘した点も含めて、包括的に検討するものとして、拙稿「コロナ・ラプソディ――パンデミックが暴く『無責任の体系』」前掲注(20)一―四三頁、「危機管理能力なき無法国家――コロナ危機で露呈する日本の病巣」『法律時報』九二巻九号(二〇二〇年八月号)六二―六九頁参照

(22) 拙著『生ける世界の法と哲学――ある反時代的精神の履歴書』前掲注(1)。

(23) 拙著『立憲主義という企て』前掲注(14)第四章、拙著『生ける世界の法と哲学』前掲注(1)第一、二章参照。

◆執筆者紹介（掲載順）◆

児玉　聡　　京都大学大学院文学研究科准教授（倫理学専攻）
主要著作：『実践・倫理学――現代の問題を考えるために』（勁草書房，2020年），『功利と直観――英米倫理思想史入門』（勁草書房，2010年），『功利主義入門――はじめての倫理学』（筑摩書房，2012年），『マンガで学ぶ生命倫理』（共著，化学同人，2013年）

奥田太郎　　南山大学社会倫理研究所教授（倫理学）
主要著作：『倫理学という構え：応用倫理学原論』（ナカニシヤ出版，2012年），『責任と法意識の人間科学』（共編著，勁草書房，2018年），『失われたドーナツの穴を求めて』（共編著，さいはて社，2017年），『人文・社会科学のための研究倫理ガイドブック』（共編著，慶應義塾大学出版会，2015年）

後藤　励　　慶應義塾大学経営管理研究科准教授（医療経済学）
主要著作：『健康行動経済学』（共著，日本評論社，2009年），『日本のお医者さん研究』（共著，東洋経済新報社，2012年），Rei Goto, Yuko Takahashi, and Takanori Ida（2011）"Changes of smokers'preference to intended cessation attempts in Japan" Value in Health. 14：785–791

亀本　洋　　明治大学法学部教授（法思想史）
主要著作：『法的思考』（有斐閣，2006年），『法哲学』（成文堂，2011年），『格差原理』（2012年，成文堂），『ロールズとデザート』（成文堂，2015年），『ドゥオーキン「資源の平等」を真剣に読む』（成文堂，2016年）

井上達夫　　東京大学名誉教授（法哲学）
主要著作：『生ける世界の法と哲学』（信山社，2020年），『立憲主義という企て』（東京大学出版会，2019年），『普遍の再生――リベラリズムの現代世界論』（岩波現代文庫，2019年），『自由の秩序――リベラリズムの法哲学講義』（岩波現代文庫，2017年），『世界正義論』（筑摩書房，2012年），『現代の貧困――リベラリズムの日本社会論』（岩波現代文庫，2011年），『法という企て』（東京大学出版会，2003年），『他者への自由』（創文社，1999年），『共生の作法』（創文社，1986年）

信山社
法と哲学新書

タバコ吸ってもいいですか
——喫煙規制と自由の相剋——

2020(令和２)年10月30日　第１版第１刷発行

編著者　児　玉　　聡
発行者　今　井　　貴
　　　　稲　葉　文　子
発行所　㈱　信　山　社

〒113-0033 東京都文京区本郷6-2-9-102
電話 03(3818)1019
FAX 03(3818)0344
Printed in Japan

 印刷・製本／亜細亜印刷・渋谷文泉閣

ISBN 978-4-7972-8151-4 C3232

現代選書シリーズ

未来へ向けた、学際的な議論のために、
その土台となる共通知識を学ぶ

森井裕一　著　現代ドイツの外交と政治

中村民雄　著　ＥＵとは何か（第３版）

黒澤　満　著　核軍縮入門

林 陽子 編著　女性差別撤廃条約と私たち

森本正崇　著　武器輸出三原則入門

高　翔龍　著　韓国社会と法

加納雄大　著　環境外交

加納雄大　著　原子力外交

初川　満　編　国際テロリズム入門

初川　満　編　緊急事態の法的コントロール

森宏一郎　著　人にやさしい医療の経済学

石崎　浩　著　年金改革の基礎知識（第２版）

畠山武道　著　環境リスクと予防原則 Ⅰ
－リスク評価〔アメリカ環境法入門〕

畠山武道　著　環境リスクと予防原則 Ⅱ
－予防原則論争〔アメリカ環境法入門2〕

三井康壽　著　大地震から都市をまもる

三井康壽　著　首都直下大地震から会社をまもる

信山社